W9-DDU-679
Second Edition

GERMAN VERB DRILLS

by

Astrid Henschel

Edited by

Harry A. Walbruck

PASSPORT BOOKS
a division of *NTC Publishing Group*
Lincolnwood, Illinois USA

1993 Printing

Published by Passport Books, a division of NTC Publishing Group.
© 1991, 1978 by NTC Publishing Group, 4255 West Touhy Avenue,
Lincolnwood (Chicago), Illinois 60646-1975 U.S.A.
Manufactured in the United States of America.

2 3 4 5 6 7 8 9 VP 9 8 7 6 5 4 3

INTRODUCTION

Practice is an indispensible element of mastery in foreign language learning, as in other subject areas. *German Verb Drills* is an excellent supplement to basic classroom texts and is particularly valuable as a tool for individualized instruction and practice.

In a clear and concise way this book leads students to an understanding of how German verb tenses are formed and used. A variety of drills and exercises reinforces the ability to manipulate the language in its written form, and many of the exercises can be easily converted to oral drills, thereby adding another dimension to practice. Students use the verbs in context, and the emphasis is upon contemporary, colloquial use of the language.

German Verb Drills follows the normal progression of most basic texts, beginning with the present tense of regular and irregular verbs and ending with a study of the subjunctive mood. Review chapters are appropriately placed throughout the workbook and a German/English, English/German index of verbs is provided at the end. This book should be an invaluable aid for students wishing to advance more quickly in their study of German, as well as for those who need additional understanding and practice for mastering classroom assignments.

TABLE OF CONTENTS

Table of Contents

Table of Contents

Table of Contents

1. Infinitive

Most German verbs have their infinitives ending in -en.

Example: sagen--to say

gehen--to go

The stem of the verb is found by dropping the infinitive ending -en. The stem of sagen would therefore be sag-, and the stem of gehen, geh-.

2. Present tense

The present tense of a German verb is formed by adding the following endings to the stem of the verb:

	sing.	pl.
1st person	-e	-en
2nd person	-st	-t
	-en	-en
3rd person	-t	-en

sagen--to say

singular

1 p.	ich sage--I say, I am saying, I do say	
2 p.	du sagst or --you say, you are saying, you do say Sie sagen	
3 p.	er he says, he is saying, he does say sie she says, she is saying, she does say es sagt--it says, it is saying, it does say man one says, one is saying, one does say	

plural

1 p.	wir sagen	--we say, we are saying, we do say
2 p.	ihr sagt	
	or	--you say, you are saying, you do say
	Sie sagen	
3 p.	sie sagen	--they say, they are saying, they do say

1. Du, ihr, and Sie all mean you.

    The familiar form du (singular) is used in speaking to a child, relative or close friend; ihr (plural) is used in speaking to several children, relatives or close friends; Sie (singular and plural) is used in speaking to one or several adults other than those listed above.

Paul, was sagst du?	Paul, what are you saying?
Mutter, was sagst du?	Mother, what are you saying?
Paul und Hans, was sagt ihr?	Paul and Hans, what are you saying?
Herr Braun, was sagen Sie?	Mr. Brown, what are you saying?
Frau Schmidt und Herr Braun, was sagen Sie?	Mrs. Smith and Mr. Brown, what are you saying?

2. man--The indefinite pronoun man may be translated one, we, they, you, or people. It is used quite frequently in German speech.

    Man sagt das nicht!   One doesn't say that.

3. There are no progressive forms (am, are or is followed by the present participle ending -ing), or emphatic forms with do or does. Therefore, he is saying, he does say, and he says can only be translated er sagt.

4. When the stem of the verb ends in s, ss, sch, z, or tz, the s of the second person singular is dropped.

heissen	du heisst
sitzen	du sitzt

5. When the stem of the verb ends in t or d, an e is inserted between the stem and the ending of the verb in the second and third person singular and the second person plural.

antworten--to answer

du antwortest

er antwortet

ihr antwortet

6. Verbs whose stem ends in -el or -er have only an n as the infinitive ending.

lächeln--to smile

The first person singular is then usually shortened by dropping the e.

ich lächle--I smile

Interrogative

When forming a question, the order of the subject and the verb is reversed; the verb becomes the first element.

verb   subject
Wohnen   sie   in Amerika?   Do they live in America?

Common verbs conjugated as described on pages 1, 2, and 3

ändern--to change	brauchen--to need
antworten--to answer	danken--to thank
arbeiten--to work	decken--to cover
atmen--to breathe	dienen--to serve
baden--to bathe, swim	drehen--to turn
beginnen--to begin	erklären--to explain
besuchen--to visit	erwarten--to expect
bewegen--to move	erzählen--to tell
bezahlen--to pay	feiern--to celebrate
beten--to pray	fragen--to ask
blühen--to bloom	führen--to lead

gehen--to go

gehorchen--to obey

glauben--to believe

hämmern--to hammer

hängen--to hang

heissen--to be called, to be named

hoffen--to hope

hören--to hear

kaufen--to buy

klingeln--to ring a bell

klopfen--to knock

kommen--to come

kosten--to cost

lachen--to laugh

lächeln--to smile

leben--to live

lieben--to love

machen--to make, to do

pflanzen--to plant

probieren--to try

prüfen--to test

rauchen--to smoke

reden--to talk

reisen--to travel

sagen--to say

schauen--to look

schicken--to send

schütteln--to shake

sitzen--to sit

spielen--to play

steuern--to steer

suchen--to look for, search

tanzen--to dance

warten--to wait

weinen--to cry

wiederholen--to repeat

wispern--to whisper

wohnen--to live, to reside

wünschen--to wish

zählen--to count

zahlen--to pay

zeigen--to show, point

EXERCISES

1. Write the present tense of h**ö**ren, baden, and sitzen.

h**ö**ren: ich_____du_____Sie_____er_____

          wir_____ihr_____Marie_____

          die Kinder_____

baden: ich_____du_____Herr Braun_____

          sie (sing.)_____ihr_____

          Hans und Peter_____

sitzen: ich_____du_____sie (sing.)_____

          wir_____ihr_____Sie_____

2. Write the present tense of the verbs given in parentheses.

    (bauen)   ich_____du_____wir_____ihr_____

    (fragen)   sie (pl.)_____er_____ihr_____

    (machen) du_____Sie_____Luise_____

    (reisen)   wir_____ihr_____du_____

    (klingeln) ich_____Paul_____Paul und Hans_____

    (warten)   du_____wir_____ihr_____

    (kosten)   es_____

3.   Write in German.

1.   He answers _____

2.   We need _____

3.   Am I ringing the bell? _____

4.   She works _____

5.   They are laughing _____

6.   Mr. Brown, you smoke _____

7.   Do you (pl. fam.) dance? _____

8.   He is beginning _____

9.   You (sing. fam.) are sitting _____

10. Karl and Hans play _____

11. You (sing. fam.) are coming _____

12. Is Mr. Smith missing? _____

13. You (sing. fam.) plant _____

14. They do learn _____

15. Is she searching? _____

16. Karl is celebrating _____

17. It hangs _____

18. You do work, Paul _____

19. Mrs. Brown does try _____

20. You (sing. fam.) are steering _____

3. Present tense of haben, sein, and werden

The present tense of haben and sein is also used to form the present perfect and the future perfect tenses. Werden is also used to form the future tense.

haben--to have

ich habe	wir haben
du hast	ihr habt
er sie hat es	sie, Sie haben

sein--to be

ich bin	wir sind
du bist	ihr seid
er sie ist es	sie, Sie sind

werden--to become

ich werde	wir werden
du wirst	ihr werdet
er sie wird es	sie, Sie werden

EXERCISE

Fill in the blank with the correct form of the verb.

1. (werden) Ich _____ krank.

2. (haben) Er _____ Hunger.

3. (sein) Ich _____ hier.

4. (haben) Wir _____ ein Buch.

5. (werden) Luise _____ nervös.

6. (sein) Er _____ da.

7. (sein) Ihr _____ nervös.

8. (haben) Ich _____ Hunger.

9. (werden) _____ Paul und Luise nervös?

10. (werden) Der Kaffee _____ kalt.

4. Present tense verbs with vowel changes

A number of verbs have a stem vowel change in the second and third person singular. There is no change in the endings of these present tense verbs.

1a.   Vowel change from e to i

geben--to give

ich gebe	wir geben
du gibst	ihr gebt
er sie gibt es	sie, Sie geben

Common verbs with a vowel change from e to i

brechen--to break	stechen--to poke
essen--to eat	sterben--to die
helfen--to help	treffen--to meet
messen--to measure	treten*2--to step
nehmen*1--to take	verbergen--to hide
sprechen--to speak	werfen--to throw
	vergessen--to forget

*1 nehmen drops the h in the second and third person singular and doubles the m, forming --du nimmst, er nimmt.

*2 treten adds a t in the second and third person singular--du trittst, er tritt.

1b. Vowel change from <u>e</u> to <u>ie</u>

<u>lesen</u>--to read

ich lese	wir lesen
du l<u>ie</u>st	ihr lest
er sie l<u>ie</u>st es	sie, Sie lesen

Common verbs with a vowel change from <u>e</u> to <u>ie</u>

befehlen--to command, order	lesen--to read
empfehlen--to recommend	sehen--to see
geschehen--to happen	stehlen--to steal

2. Vowel change from <u>a</u> to <u>ä</u>

<u>fallen</u>--to fall

ich falle	wir fallen
du fällst	ihr fallt
er sie fällt es	sie, Sie fallen

Common verbs with a vowel change from <u>a</u> to <u>ä</u>

backen--to bake	laufen--to run
empfangen--to receive	raten--to guess
fahren--to go (by vehicle)	saufen--to drink (animals)
fangen--to catch	schlafen--to sleep
halten--to hold	tragen--to carry
lassen--to let	wachsen--to grow
	waschen--to wash

EXERCISES

1. Conjugate the verbs essen--to eat, sehen--to see, schlafen--to sleep, and nehmen--to take.

essen: ich_____ du_____ er_____ ihr_____

sehen: wir_____ du_____ Luise_____ Sie_____

schlafen: du_____ Paul_____ ihr_____ sie (pl.)_____

nehmen: ich_____ wir_____ du_____ er_____

              Herr Braun und Herr Schmidt_____

2. Fill in the blank with the correct form of the verb.

(werfen) er_____   (sprechen) ich_____

(vergessen) Luise_____   (sprechen) du_____

(vergessen) wir_____   (tragen) ihr_____

(wachsen) der Baum_____   (lassen) du_____

(waschen) ich_____   (empfangen) Paul_____

(sehen) du_____   (empfangen) Sie_____

(laufen) er_____   (nehmen) ich_____

(geschehen) es_____   (nehmen) ihr_____

(fahren) er_____   (nehmen) du_____

(helfen) Herr Braun_____   (stehlen) Marie_____

5. Verbs with separable prefixes in the present tense

German verbs have separable and inseparable prefixes. Inseparable prefixes are never separated from the verb. Example: versuchen--to try: ich versuche, du versuchst. In the present tense, separable prefixes are separated from the verb and are placed at the end of the clause. The same rule applies to the imperative and the past tense.

vorstellen--to introduce

Hans stellt Luise vor.   Hans introduces Luise.

Common separable prefixes

The meaning of the prefixes given here is just a guide, for the combination of verb and prefix often changes the meaning of the prefix--e.g., aufhören--to stop.

ab--off, down: abholen--to pick up

                               abnehmen--to take off

an--at, on: ankommen--to arrive

                               anrufen--to call up (on the phone)

                               ansehen--to look at

                               anziehen--to put on, to dress

auf--up: aufhören--to stop

                               aufpassen--to pay attention

                               aufstehen--to get up

aus--out: ausgehen--to go out

                               aussteigen--to climb out, to get out

ein--into: einkaufen--to buy, to shop

                               eintreten--to enter

entgegen--towards: entgegengehen--to go to meet

                               entgegeneilen--to hasten to meet

                               entgegensehen--to look forward to

fort--away:	fortgehen--to go away
	fortsetzen--to continue
heim--home:	heimgehen--to go home
	heimkommen--to come home
her--hither:	herholen--to fetch
	herkommen--to come hither (toward the speaker)
	herstellen--to produce
heraus--come out:	herausbringen--to bring out
	herausreissen--to tear out
herein--in:	hereinkommen--to come in
	hereinlassen--to let in
hin--thither:	hingehen--to go there (away from the speaker)
hinaus--out:	hinausgehen--to go out
	hinauswerfen--to throw out
hinein--into:	hineinfallen--to fall into
	hineinreiten--to ride into (on horseback)
mit--with, along:	mitbringen--to bring along
	mitnehmen--to take along
nach--after:	nachdenken--to reflect
	nachfragen--to inquire
	nachlaufen--to run after·
nieder--down:	niederbrennen--to burn down
	niedersteigen--to descend
um--around, at:	umpflanzen--to transplant
	umsehen--to look around
	umziehen--to move (to change residence)
unter--under:	untergehen--to sink, to perish

vor--before:

        vorbereiten--to prepare

        vorgehen--to precede; to be fast (clock)

        vorhaben--to be going (planning) to do

weg--away:

        weggehen--to go away

        wegführen--to lead away

zu--to:

        zuhören--to listen to

        zumachen--to close

zurück--back:

        zurückfahren--to go back (by vehicle)

        zurückgeben--to give back

        zurückkehren--to turn (or come) back, return

zusammen--together:

        zusammenbringen--to bring together

        zusammenkommen--to come together

        zusammenlegen--to put together

EXERCISES

1. Fill in the proper form of the verb.

(aufstehen) ich_____Hans_____

(einkaufen) du_____wir_____

(anrufen) Sie_____ihr_____

(umziehen) Paul und Walter_____

      Luise_____

(nachdenken) ich_____er_____

2. Form a sentence with each group of words.

    Example: eintreten, wir, ins Haus

                  Wir treten ins Haus ein.

   1.   abholen, Paul, Luise

        _____

   2.   eintreten, Marie, ins Zimmer

        _____

   3.   entgegeneilen, das Auto, dem Haus

        _____

   4.   vorhaben, wir, nichts

        _____

   5.   mitnehmen, du, das Brot?

        _____

   6.   zumachen, ich, die Tür

        _____

7. hereinlassen, du, den Hund

_____

8. ankommen, Paul und Hans, heute

_____

9. zurückgeben, Sie, das Buch

_____

10. aufpassen, ihr, immer

_____

3. Write in German.

1. I am telephoning Paul.

_____

2. We shop tomorrow.

_____

3. They are driving back.

_____

4. The house is burning down.

_____

5. Mr. Brown looks at the book.

_____

6. Mr. Brown, you are not listening.

_____

7.   The boat sinks.

_____

8.   Paul, are you running after the car? (dem Auto)

_____

9.   Paul falls into the (ins) boat.

_____

10.   We introduce Paul.

_____

Regular verbs, <u>haben</u>, <u>sein</u>, verbs with a vowel change, and verbs with separable prefixes.

EXERCISES

1. Fill in the proper form of the verb using the present tense.

   1. (haben) er _____

   2. (haben) du _____

   3. (schlagen) Marie _____

   4. (sein) ich _____

   5. (sein) Herr Braun, Sie _____

   6. (sein) Herr Braun _____

   7. (treffen) du _____

   8. (nehmen) ihr _____

   9. (werfen) Paul und Luise _____

10. (fallen) er _____

11. (wohnen) wir _____

12. (antworten) ihr _____

13. (lesen) du _____

14. (kaufen) Marie _____

15. (aufhören) ich _____

16. (laufen) er _____

17. (wispern) ihr _____

18. (treten) er _____

19. (anfangen) es _____

20. (geben) Marie _____

21. (aufpassen) die Kinder _____

22. (befehlen) der Vater _____

23. (erwarten) ihr _____

24. (feiern) wir _____

25. (geschehen) es _____

26. (lächeln) das Mädchen _____

27. (reden) ihr _____

28. (lassen) er _____

29. (beten) ihr _____

30. (heissen) du _____

31. (untergehen) wir _____

32. (tragen) er _____

33. (heimgehen) ich _____

2. Translate into German.

1. I run. _____

2. We are. _____

3. Is he coming? _____

4. What does she say? _____

5. What (wie) is his name? (heissen) _____

6. We sell. _____

7. He introduces Paul. _____

8. It holds. _____

9. The girl washes. _____

10. Paul and Hans, you carry. _____

11. The man throws it out. _____

12. We bring it together. _____

13. They knock. _____

14. Mr. Brown, what do you recommend? _____

15. I try. _____

16. Marie is reading. _____

17. They arrive now. _____

18. We hope. _____

19. He stops. _____

20. I am. _____

21. He bathes. _____

22. I close the door. _____

23. We get up. _____

24. Paul, you see. _____

25. You (pl. fam.) shake. _____

6. Modal auxiliaries in the present tense

German has six modal auxiliaries. They are:

dürfen--expresses permission (to be allowed to, may)

können--expresses ability or possibility (to be able to, can)

mögen--expresses inclination or liking (to like, care to)

müssen--expresses compulsion or necessity (to have to, must)

sollen--expresses obligation or hearsay (to be expected to, be said to)

wollen--expresses will or desire (to want to, or claim to) Er will reich

sein--he claims to be rich.

The auxiliary verb changes according to person and number (ich, kann, du musst, sie will) and is almost always followed by an infinitive, which never changes its form or takes zu. The infinitive form is always placed at the end of the clause.

	auxiliary verb		infinitive
Er	will	ein Buch	lesen.

He wants to **read a book.**

Conjugation of the modal auxiliaries in the present tense

	dürfen-may	können-can	müssen-must
ich	darf	kann	muss
du	darfst	kannst	musst
er, sie, es	darf	kann	muss
wir	dürfen	können	müssen
ihr	dürft	könnt	müsst
sie, Sie	dürfen	können	müssen

	sollen-supposed to	wollen-want
ich	soll	will
du	sollst	willst
er, sie, es	soll	will
wir	sollen	wollen
ihr	sollt	wollt
sie, Sie	sollen	wollen

	mögen-like	mögen is also commonly conjugated in the following way:
ich	mag	möchte*
du	magst	möchtest
er, sie, es	mag	möchte
wir	mögen	möchten
ihr	mögt	möchtet
sie, Sie	mögen	möchten

Note the vowel change in the singular forms of the above verbs (all except sollen). Also note that the first and third person singular are the same--ich will, er will.

*möchte (actually the past subjunctive of mögen) means "would like."

EXERCISES

1. Write the verb in the present tense.

    1. (müssen) ich_____ er_____ wir_____ ihr_____

    2. (sollen) du_____ Luise_____ Sie_____ wir_____

    3. (dürfen) ich_____ du_____ Paul und Luise_____

        Herr Braun_____

    4. (können) du_____ wir_____ ihr_____

    5. (wollen) ich_____ er_____ wir_____

    6. (mögen) ich_____ ihr_____

2. Form new sentences using the modal in parentheses.

    1. (müssen) Er geht ins Haus.

    _____

    2. (wollen) Sie kauft ein Buch.

    _____

    3. (sollen) Wir sind still.

    _____

    4. (wollen) Ich fahre mit dem Auto.

    _____

    5. (können) Ihr sprecht Deutsch.

    _____

    6. (können) Herr Braun, Sie haben ein Buch.

    _____

    7. (mögen) Er liest das Buch.

    _____

    8. (dürfen) Du gehst jetzt nach Hause.

    _____

    9. (dürfen) Hans und Luise laufen ins Wasser.

    _____

10. (sollen) Frau Schmidt arbeitet im Garten.

_____

3. Translate the following sentences into German.

  1. I must go.

_____

  2. They are allowed to play in the garden. (im Garten)

_____

  3. He can speak English.

_____

  4. You must not forget the book, Paul.

_____

  5. May they go?

_____

  6. We want to go to school. (zur Schule)

_____

  7. You should not steal, Marie.

_____

  8. I like the book.

_____

  9. The child can write.

_____

  10. He would like to have the book.

_____

7. Imperative

1. Formal Command

When you address one or several people formally, the formal command is used. In the formal command, the verb has the -en ending of the Sie form. The pronoun Sie is always added. As in an interrogative sentence, subject and verb are inverted.

Kaufen Sie es!	Buy it!
Nehmen Sie das Buch!	Take the book!

2. Familiar command, singular

A. When you are on a du basis with a person, the familiar command, singular is used. This command takes the same form as the first person singular.

Kaufe!   Komme!

Schlafe!   Antworte!

The ending -e is often dropped.

Komm!   Schlaf!

B. Verbs that have a vowel change from e to i or ie have the same change in the familiar command, singular. These verbs never add the -e ending.

essen--iss!

geben--gib!

sehen--sieh!

C. Verbs that have a vowel as a stem ending always keep the -e ending in the familiar command, singular.

schreien - to scream   Schreie!

säen - to sow   Säe!

3. Familiar command, plural

When you address several persons with whom you are on a du basis, the familiar command, plural, is used. This command form has the same form as the second person plural with the personal pronoun dropped.

Kauft!   Antwortet!

Lernt!   Esst!

4. Exhortations (mild command)

When expressing the form "let us" (Let's go! Let's eat!) the first person plural with an inverted word order is used.

Gehen wir jetzt!   Let's go now!

Command forms of sein and werden

Seien Sie!   Sei!   Seid!   Seien wir!

Werden Sie!   Werde!   Werdet!   Werden wir!

EXERCISES

1. Give the four imperative forms of the following verbs.

    1. gehen _____

    2. helfen _____

    3. essen _____

    4. laufen _____

    5. nehmen _____

    6. singen _____

    7. schreien _____

    8. werden _____

    9. sehen _____

    10. sein _____

    11. haben _____

2. Rewrite the following sentences in the familiar command, singular; the familiar command, plural; and the mild command.

    1. Passen Sie gut auf!

    _____   _____

    2. Haben Sie keine Angst!

    _____   _____

3. Fahren Sie bitte schnell!

_____

4. Geben Sie es!

_____

5. Vergessen Sie es nicht!

_____

6. Seien Sie vorsichtig!

_____

7. Treffen Sie Hans morgen!

_____

8. Sprechen Sie laut!

_____

9. Warten Sie, bitte!

_____

10. Werden Sie nicht nervös!

_____

3. Give the proper response to the following commands.

Example: Sagen Sie Fritz, dass er es kaufen soll!

Fritz, kauf es!

1. Sagen Sie Paul, dass er das Brot essen soll!

_____

2. Sagen Sie Frau Braun, dass sie antworten soll!

_____

3. Sagen Sie Paul und Hans, dass wir das Brot essen wollen!

    _____

4. Sagen Sie Paul und Hans, dass sie antworten sollen!

    _____

5. Sagen Sie Luise, dass sie still sein soll!

    _____

6. Sagen Sie Luise, dass wir gehen wollen!

    _____

7. Sagen Sie Paul und Fritz, dass sie nichts sagen sollen!

    _____

8. Sagen Sie Frau Schmidt und Frau Meier, dass sie das Geschenk
    auspacken sollen!

    _____

9. Sagen Sie Paul, dass er das Auto abholen soll!

    _____

10. Sagen Sie Professor Schmidt, dass er laut rufen soll!

    _____

8. Future tense

The future tense is composed of the present tense of <u>werden</u> and an infinitive, which is always placed at the end of the clause.

Ich <u>werde</u> in die Schule <u>gehen</u>.   I shall go to school.

Du <u>wirst</u> in die Schule <u>gehen</u>.

Er, sie, es <u>wird</u> in die Schule <u>gehen</u>.

Wir <u>werden</u> in die Schule <u>gehen</u>.

Ihr <u>werdet</u> in die Schule <u>gehen</u>.

Sie <u>werden</u> in die Schule <u>gehen</u>.

Adverb of time

The present tense is usually used in place of the future tense when the clause includes an adverb of time.

Ich gehe <u>morgen</u> in die Schule.   Tomorrow I go to school.

Er kommt <u>bald</u>.   He will come soon.

EXERCISES

1.   Rewrite the following sentences, using the future tense.

    1.   Er geht nach Hause.

    _____

    2.   Er wird krank.

    _____

    3.   Ich darf das.

    _____

    4.   Herr Braun kommt später.

    _____

    5.   Wir schwimmen im See.

    _____

6. Sie haben Hunger.

_____

7. Liest du die Zeitung?

_____

8. Wir sind hier.

_____

9. Holt ihr den Vater ab?

_____

10. Sie fahren morgen in die Stadt.

_____

2. Make sentences out of the following groups of words.

Example: ich, schnell, schreiben, werde

Ich werde schnell schreiben.

1. Du, warten, wirst

_____

2. Herr Braun, ein Haus, kaufen, wird

_____

3. Morgen, Sie kommen?

_____

4. Die Klasse, in 5 Minuten, anfangen, wird

_____

5. Wir, gehen, nicht, werden

_____

-29-

6. Sie, mit dem Bus, fahren, werden

_____

7. Paul und Hans, holen, das Buch, werden

_____

8. Du, nervös, werden, wirst

_____

9. Ich, kommen, schnell, werde

_____

10. Marie, schlafen, lange, wird

_____

9. Present perfect tense of weak verbs

Use of tense

While the English language prefers the past tense, the present perfect tense is ordinarily used in German conversation.

Er hat das Buch gekauft.   He has bought the book.

Preferred English use: He bought the book.

Formation of tense

The present perfect tense is formed by using a form of haben or sein and the past participle of the main verb, which is placed at the end of the clause. The helping verb haben or sein must agree with the subject.

Ich habe Deutsch gelernt.   I have learned German.

Du hast Deutsch gelernt.

Er, sie, es hat Deutsch gelernt.

Wir haben Deutsch gelernt.

Ihr habt Deutsch gelernt.

Sie, sie haben Deutsch gelernt.

Formation of past participle of weak verbs

Regular weak verbs form their past participle by adding the prefix ge- to the third person singular.

Past participle: third person singular of sagen is

sagt + ge- (prefix) - gesagt

If the stem of the verb ends in d or t, add et--arbeiten, gearbeitet; baden, gebadet.

To aid pronunciation an et is added to some verbs whose stems end in m or n--öffnen, geöffnet, atmen, geatmet; but lernen, gelernt; wohnen, gewohnt.

EXERCISES

1. Write the verb in parentheses in the present perfect tense.

   1. (machen) Er _____ viel _____ .

   2. (lernen) Die Kinder _____ nicht _____ .

3. (lachen) Das Mädchen _____ laut _____ .

4. (hören) Ich _____ nichts _____ .

5. (wohnen) Paul und Fritz _____ hier _____ .

6. (kaufen) Der Mann _____ viel _____ .

7. (tanzen) Die Mädchen _____ lange _____ .

8. (antworten) Du _____ laut _____ .

9. (weinen) _____ ihr laut _____ ?

10. (klopfen) Wir _____ laut _____ .

2. Write the following sentences in the present perfect tense.

1. Er baut ein Haus. _____

2. Sie atmen laut. _____

3. Die Jungen suchen den Ball. _____

4. Wir wünschen nicht viel. _____

5. Ich zeige das Buch. _____

6. Badest du jetzt? _____

7. Was sagt Herr Braun? _____

8. Er lebt lange. _____

9. Fehlen sie? _____

10. Es kostet nicht viel. _____

11. Braucht ihr das? _____

12. Wo arbeiten Sie, Herr Schmidt? _____

13. Glaubst du das? _____

14. Wir warten an der Tür. _____

15. Die Mutter liebt das Kind. _____

10. Haben or sein as the auxiliary verb in perfect tenses

Most verbs use haben as the auxiliary in the present perfect tense. Sein is used when the verb shows a change of position or a change of condition. Sein is also used with two verbs of rest: sein--to be; bleiben--to remain.

Common verbs that show a change of position and therefore take sein as the helping verb are:

fahren--to go (by vehicle)	laufen--to run
fallen--to fall	reisen--to travel
fliegen--to fly	reiten--to ride (on horseback)
folgen--to follow	rennen--to run
gehen--to go	schwimmen--to swim
kommen--to come	sinken--to sink
kriechen--to creep	springen--to jump

Common verbs that show a change of condition and therefore take sein as the helping verb are:

ertrinken--to drown	wachsen--to grow
sterben--to die	werden--to become, to get

11. Present perfect tense of strong verbs

Formation of past participle

A. Some strong verbs form their past participle by only adding the prefix ge- to the stem of the verb and the -en ending.

sehen--gesehen

B. Many strong verbs change the stem vowel in the past participle from i to u, e to a, e to o, etc.

treffen-getroffen

singen--gesungen

1. Common verbs with a change from e to o

befehlen*	befohlen	to order, command
brechen	gebrochen	to break
empfehlen*	empfohlen	to recommend
heben	gehoben	to lift
nehmen	genommen	to take
sprechen	gesprochen	to speak
stehlen	gestohlen	to steal
sterben	gestorben	to die
treffen	getroffen	to meet
werfen	geworfen	to throw

*befehlen, empfehlen, etc., are verbs with inseparable prefixes. For an explanation of the formation of the past participle with an inseparable prefix, see page 44.

2. Common verbs with a change from e to a

gehen	gegangen	to go
stehen	gestanden	to stand

3. Common verbs with a change from i, ie, or ü to o

fliegen	geflogen	to fly
frieren	gefroren	to freeze

riechen	gerochen	to smell
schieben	geschoben	to push
schliessen	geschlossen	to close
schwimmen	geschwommen	to swim
verlieren	verloren	to lose
ziehen	gezogen	to pull, to move (change residence)
lügen	gelogen	to lie

4. Common verbs with a change from ei to i or ie

beissen	gebissen	to bite
greifen	gegriffen	to reach
leihen	geliehen	to lend
pfeifen	gepfiffen	to whistle
reiten	geritten	to ride (on horseback)
schreiben	geschrieben	to write
schweigen	geschwiegen	to keep quiet
streiten	gestritten	to quarrel
steigen	gestiegen	to climb

5. Common verbs with a change from i to u

binden	gebunden	to tie
finden	gefunden	to find
singen	gesungen	to sing
sinken	gesunken	to sink
springen	gesprungen	to jump
trinken	getrunken	to drink

6. Common verbs with a change from i or ie to e

| bitten | gebeten | to ask |

liegen	gelegen	to lie (down)
sitzen	gesessen	to sit
essen	gegessen	to eat

7. Other common verbs

haben	gehabt	to have
sein	gewesen	to be
tun	getan	to do
werden	geworden	to become, to get

EXERCISES

1. Supply the proper auxiliary in the following sentences.

1. Er _____ nach Hamburg gereist.

2. Die Kinder _____ schnell gelaufen.

3. Die Blume _____ gut gerochen.

4. Ich _____ nach Hause gegangen.

5. _____ ihr in die Stadt gezogen?

6. Der Hund _____ gestorben.

7. Herr Braun _____ ins Auto gestiegen.

8. Wir _____ auf der Couch gesessen.

9. Er _____ krank geworden.

10. Wann _____ sie (pl.) gekommen?

11. Wir _____ im See geschwommen.

12. _____ du zu Hause geblieben?

13. Paul und Fritz _____ Milch getrunken.

14. Ich _____ zu Hause gewesen.

15. _____ du das Brot gegessen?

2. Give the past participle and auxiliary of the following verbs.

1. fallen _____ _____

2. sein _____ _____

-36-

3.   lesen _____ _____

4.   fangen _____ _____

5.   singen _____ _____

6.   essen _____ _____

7.   wachsen _____ _____

8.   sehen _____ _____

9.   sterben _____ _____

10. sprechen _____ _____

11. trinken _____ _____

12. sitzen _____ _____

13. schwimmen _____ _____

14. steigen _____ _____

15. treffen _____ _____

16. geben _____ _____

17. werden _____ _____

18. werfen _____ _____

19. brechen _____ _____

20. fahren _____ _____

21. helfen _____ _____

22. nehmen _____ _____

23. springen _____ _____

24. bleiben _____ _____

25. gehen _____ _____

3.   Supply the past participle in the following sentences.

1.   (beissen) Der Hund hat _____.

2.   (fliegen) Wir sind weit _____.

3.   (sehen) Hast du das Haus _____?

4. (geben) Sie haben mir das Buch_____.

5. (helfen) Das Kind hat der Mutter_____.

6. (reiten) Ich bin weit_____.

7. (fallen) Der Ball ist ins Wasser_____.

8. (finden) Habt ihr das Buch_____?

9. (sprechen) Du hast zu viel_____.

10. (waschen) Sie haben alles_____.

11. (werfen) Der Junge hat den Ball_____.

12. (fangen) Habt ihr den Ball_____?

13. (halten) Hat er die Tür_____?

14. (schliessen) Wir haben die Tür_____.

15. (treffen) Ich habe ihn gestern_____.

4. Change the following sentences to the present perfect tense.

1. Du bist immer gut._____

2. Ich gehe ins Theater._____

3. Die Familie zieht nach Berlin._____

4. Sie sind lange hier._____

5. Wir bleiben in der Stadt._____

6. Der Hund beisst._____

7. Er kommt sofort._____

8. Die Rose riecht gut._____

9. Er sitzt hier._____

10. Wer schwimmt dort?_____

11. Hilfst du dem Bruder?_____

12. Das Kind wird müde._____

13. Wir halten das Kind._____

14. Ich fahre nach Hause._____

15. Sie laufen schnell. _____

16. Er spricht Deutsch. _____

17. Ruft ihr die Mutter? _____

18. Trinkst du Wasser? _____

19. Sie springen ins Wasser. _____

20. Er trifft sie dort. _____

21. Trägst du das Buch? _____

22. Wir lesen das Buch. _____

23. Ich stehe vor der Tür. _____

24. Die Kinder streiten wieder. _____

25. Wir finden das Haus. _____

26. Der Junge pfeift laut. _____

27. Wir schweigen nicht gern. _____

28. Der Vater liegt auf der Couch. _____

29. Ihr schlaft lange. _____

30. Wir binden die Blumen. _____

31. Es friert. _____

32. Die Kinder schreien laut. _____

33. Ich lerne viel. _____

12. Present perfect tense of mixed verbs

Mixed verbs have a vowel change in the past participle as do strong verbs. However, the past participle of mixed verbs ends in -t, which is a characteristic of weak verbs.

Past participles of mixed verbs

wissen*	gewusst	to know
bringen	gebracht	to bring
denken	gedacht	to think
brennen	gebrannt	to burn
kennen	gekannt	to know
nennen	genannt	to name
rennen	gerannt	to run
senden	gesandt	to send
wenden	gewandt	to turn

EXERCISE

Rewrite the following sentences in the present perfect tense.

1. Ich bringe das Buch. _____

2. Das Haus brennt. _____

3. Wir denken oft daran. _____

4. Sendet ihr das Paket? _____

5. Du rennst schnell! _____

6. Er weiss nichts. _____

7. Was nennt ihr das Kind? _____

8. Sie wenden sich an uns. _____

9. Kennst du das Mädchen? _____

10. Wir wissen wer das ist.

*The present tense of wissen is irregular in the singular: ich weiss, du weisst, er weiss, wir wissen, ihr wisst, sie wissen.

13. Present perfect tense with separable prefixes

When forming the past participle of verbs with separable prefixes (ab-, ein-, vor-, zu-, etc.), the ge- of the participle is placed between the separable prefix and the verb.

	infinitive	past participle
weak verb:	einkaufen	eingekauft
strong verb:	ankommen	angekommen

For a list of verbs with separable prefixes consult p. 11.

EXERCISES

1. Fill in the past participle.

    1. (anrufen) Er hat Luise _____

    2. (aufstehen) Wir sind alle _____

    3. (nachlaufen) Das Kind ist dem Ball _____

    4. (hinauswerfen) Sie haben den Ball _____

    5. (zumachen) Du hast die Tür _____

    6. (umziehen) Ich bin _____

    7. (untergehen) Das Boot ist _____

    8. (abholen) Habt ihr das Auto _____?

    9. (hineinfallen) Sie sind ins Wasser _____

    10. (herausreissen) Frau Müller hat die Blumen _____

2. Change the following sentences to the present perfect tense.

    1. Ich bringe das Buch mit.

       _____

    2. Wann kommst du heim?

       _____

3. Wir kehren am Sonntag zurück.

_____

4. Die Klasse hört gut zu.

_____

5. Die Schule brennt nieder.

_____

6. Die Familie kommt am Samstag zusammen.

_____

7. Was habt ihr vor?

_____

8. Wir nehmen das Heft mit.

_____

9. Wen lässt du herein?

_____

10. Was kaufst du ein?

_____

11. Die Kinder passen nicht auf.

_____

12. Ich stehe immer um sieben Uhr auf.

_____

13. Herr Braun denkt nie nach.

_____

14. Paul und Luise reiten in den Wald hinein.

_____

15. Paul stellt Luise vor.

_____

14. Present perfect tense with inseparable prefixes and verb stems
ending in -ier

I. Inseparable prefixes

The inseparable prefixes--so called because they are never separated from the verb--are: be-, emp-, ent-, er-, ge-, ver-, and zer-. Verbs with inseparable prefixes do not take the usual ge- prefix to form the past participle.

	infinitive	past participle
weak:	verkaufen	verkauft
strong:	verlassen	verlassen
	beginnen	begonnen

Common verbs with inseparable prefixes

be-:

befehlen	befohlen	to command
beginnen	begonnen	to begin
begreifen	begriffen	to comprehend
behalten	behalten	to keep
bekommen	bekommen	to receive
beschreiben	beschrieben	to describe
besitzen	besessen	to own
besprechen	besprochen	to discuss
besuchen	besucht	to visit
bewegen	bewogen	to move
beweisen	bewiesen	to prove

emp-:

empfangen	empfangen	to receive
empfehlen	empfohlen	to recommend
empfinden	empfunden	to feel

ent-:

entlassen	entlassen	to dismiss
entscheiden	entschieden	to decide

er-:

erfahren	erfahren	to find out
erfinden	erfunden	to invent
erhalten	erhalten	to receive
erkennen	erkannt	to recognize
erscheinen	ist erschienen	to appear
ertrinken	ist ertrunken	to drown
erziehen	erzogen	to educate

ge-:

geschehen	ist geschehen	to happen
gewinnen	gewonnen	to win

ver-:

verbessern	verbessert	to correct
verbieten	verboten	to forbid
vergessen	vergessen	to forget
verkaufen	verkauft	to sell
verlangen	verlangt	to demand
verlassen	verlassen	to leave
verlieren	verloren	to lose
versprechen	versprochen	to promise
verstecken	versteckt	to hide
verstehen	verstanden	to understand

zer-:

zerbrechen	zerbrochen	to break
zerreissen	zerrissen	to tear

II. Verb stems ending in -ier

Verbs ending in -ieren also do not take the usual ge- prefix to form the past participle. The past participle of these verbs is the same as the third person singular.

infinitive: probieren--er probiert   past participle: probiert

reparieren--er repariert   repariert

Ich habe den starken Kaffee probiert. --I have tried the strong coffee.

Er hat das Auto repariert. --He has repaired the car.

Common verbs with stems ending in -ier

dividieren	to divide
korrigieren	to correct
marschieren	to march
musizieren	to make music
operieren	to operate
photographieren	to photograph
probieren	to try
regieren	to rule, govern
registrieren	to register
reparieren	to repair
servieren	to serve
telefonieren	to telephone

EXERCISE

Change the following sentences to the present perfect tense.

1. Er verliert das Buch. _____

2. Ich verspreche das nicht. _____

3. Wer regiert hier? _____

4. Wir empfinden nichts. _____

5. Photographiert ihr das Haus? _____

6. Die Mutter besucht uns heute. _____

7. Du gewinnst 5 Mark! _____

8. Ich vergesse das Brot. _____

9. Die Jungen marschieren ums Haus. _____

10. Die Klasse beginnt um 10 Uhr. _____

11. Wir verkaufen das Haus. _____

12. Ich verstecke das Geschenk. _____

13. Du verlässt das Haus um 10 Uhr. _____

14. Der Lehrer verbessert die Hausarbeit. _____

15. Sie reparieren das Auto. _____

15. Present perfect tense with modal auxiliaries

The past participle for the modal auxiliaries has two forms.

gedurft, dürfen	gemusst, müssen
gekonnt, können	gesollt, sollen
gemocht, mögen	gewollt, wollen

The regular past participle with the ge- prefix is used when there is no other verb in the sentence.

Wir haben das Auto gewollt. --We wanted the car.

Er hat das Buch nicht gemocht. --He didn't like the book.

When another verb is also used (the other verb being called the dependent infinitive) a part participle without ge- is used. This past participle is identical with the infinitive. The dependent infinitive and the modal participle without ge- must always stand last in a sentence, the modal being the last element.

Wir haben das Auto kaufen wollen. --We wanted to buy the car.

Er hat das Buch nicht lesen mögen. --He didn't care to read the book.

EXERCISES

1. Restate the following sentences in English.

1. Haben Sie Deutsch gekonnt? _____

2. Ich habe das Buch kaufen dürfen. _____

3. Sie hat das Brot nicht gewollt. _____

4. Wir haben nach Hause gemusst. _____

5. Ich habe die Couch gemocht. _____

6. Wir haben viel lernen müssen. _____

7. Du hast den Apfel essen dürfen. _____

8. Paul hat Fritz anrufen wollen. _____

9. Hat er in die Schule gehen müssen? _____

10. Ihr habt das nicht gedurft! _____

2. Change the following sentences to the present perfect tense.

1. Er kann es gut. _____

2. Wir können gut lesen. _____

3. Ich will nicht sprechen. _____

4. Sie sollen ins Haus gehen. _____

5. Ihr wollt diese Frau einladen? _____

6. Paul und Luise mögen das. _____

7. Ich mag das Buch. _____

8. Er will es sofort. _____

9. Wir müssen lange arbeiten. _____

10. Mögen Sie mein Auto? _____

Review II

Future and present perfect tenses.

1. Change the following sentences to the future tense.

    1. Der Mann geht nach Hause. _____

    2. Morgen fahren wir in die Stadt. _____

    3. Ich wohne in Chicago. _____

    4. Er gibt ihr eine Blume. _____

    5. Gehst du nächsten Sommer zur Schule? _____

    6. Ihr sitzt auf der Bank. _____

    7. Kannst du etwas sagen? _____

    8. Ich bin müde. _____

    9. Sie hat ein neues Auto. _____

   10. Müllers kaufen ein Boot. _____

2. Change the following sentences to the present perfect tense.

    1. Wir fliegen nach Chicago. _____

    2. Weisst du das schon? _____

    3. Ich lerne Deutsch gern. _____

    4. Was macht ihr heute? _____

    5. Können sie Deutsch verstehen? _____

    6. Das Kind wirft den Ball. _____

    7. Wir verlassen die Schule. _____

    8. Ich probiere das oft. _____

    9. Die Hunde rennen ums Haus. _____

   10. Du hast recht. _____

   11. Die Klasse beginnt um 9 Uhr. _____

   12. Der Junge kauft viel. _____

   13. Wir kennen die Familie gut. _____

   14. Der Hund beisst. _____

15. Die Frauen sprechen viel. _____

16. Sie antwortet laut. _____

17. Was kaufst du ein? _____

18. Das Kind wächst schnell. _____

19. Was nehmen wir mit? _____

20. Ich öffne das Buch. _____

3. Change the following sentences to the present perfect tense.

1. Er ruft das Mädchen an. _____

2. Wir denken oft an dich. _____

3. Was sagen sie? _____

4. Herr Braun geht über die Strasse. _____

5. Die Kinder passen in der Schule auf. _____

6. Luise musiziert im Wohnzimmer. _____

7. Wirst du krank? _____

8. Wie nennt man diese Stadt? _____

9. Ich verliere immer mein Geld. _____

10. Der Junge versteckt den Ball. _____

11. Sie springen ins Wasser. _____

12. Du musst kommen. _____

13. Ihr steigt ins Auto. _____

14. Die Klasse hört um 10 Uhr auf. _____

15. Paul und Fritz baden nicht gern. _____

16. Ich möchte im See schwimmen. _____

17. Was habt ihr vor? _____

18. Sie zerreissen das Papier. _____

19. Er mag das sehr. _____

20. Ich kann laut schreien. _____

16. Use of past tense

1. The past tense is usually used to tell a sequence of past events.

    Er machte die Tür auf und setzte sich auf den Stuhl. Dann schaute er mich an, sagte aber nichts. --He opened the door and sat on the chair. Then he looked at me but didn't say anything.

2. The past tense is also used to express a customary or repeated action.

    Wir besuchten den Onkel oft. --We visited our uncle often.

3. The past tense is preferred to the present perfect when using the auxiliary verbs haben, sein, and werden, and the modal auxiliaries dürfen, können, mögen, müssen, sollen, and wollen.

    Er war krank. --He was ill.

    Ich wollte das nicht. --I didn't want that.

4. When a clause is introduced by als (when), the past tense is used.

    Als er ein Buch kaufte, redete er mit der Verkäuferin. --When he bought a book, he talked with the sales girl.

Otherwise, German prefers the present perfect tense, especially in conversation.

    Was hast du gestern gemacht? --What did you do yesterday?

    Ich habe ein Buch gekauft. --I bought a book.

17. Past tense of weak verbs

Definition of weak and strong verbs

The term strong is applied to those verbs which form the past tense by a vowel change in the stem. Weak verbs do not have this strength and need a suffix to form the past tense.

Example:

strong:	kommen--kam (come--came)
weak:	sagen--sagte (say--said)

Formation of weak verbs in the past tense

Weak verbs form the past tense by adding the suffix -te to the stem of the verb.

sagen--sagte (to say)

wohnen--wohnte (to live, reside)

First and third persons singular always have the same form and do not take an additional ending.

ich sagte

er sagte

However, the other persons have the usual personal endings in addition to the past tense suffix -te.

wir sagten

du sagtest   ihr sagtet

sie sagten

When a verb stem ends in -t or -d, an extra e is placed between the stem and the -te suffix: warten--wartete; arbeiten--arbeitete. To aid pronunciation an e is also added to some verbs whose stems end in m or n: öffnen--öffnete; atmen--atmete; but lernen--lernte; wohnen--wohnte.

Verbs with separable prefixes are separated in the past tense in the same manner as in the present tense.

Ich stelle Paul vor. --I introduce Paul.

Ich stellte Paul vor. --I introduced Paul.

Summary conjugation of past tense weak verbs:

sagen--to say

ich sagte   wir sagten

du sagtest   ihr sagtet

er
sie sagte   sie, Sie sagten
es

EXERCISES

1. Change the following verb phrases to the past tense.

    1. er weint _____   6. wir reden _____

    2. sie tanzen _____   7. sie dankt _____

    3. ich schaue _____   8. du badest _____

    4. Sie rauchen _____   9. es kostet _____

    5. Paul sucht _____   10. ihr fragt _____

2. Rewrite the following paragraph in the past tense

Der Unterricht endet heute. Nach dem Unterricht reisen wir nach Berlin. Wir besuchen meinen Onkel. Mutter bezahlt die Karten und sagt: „Auf Wiedersehen". Meine kleine Schwester weint heute nicht. Im Bus hören wir Musik und reden nicht viel. Der Mann neben uns raucht. In Berlin suchen wir die Karten. Onkel Paul wartet schon. Er führt uns ins Restaurant und kauft uns eine Tasse Kaffee. Er schmeckt sehr gut. Onkel Paul redet viel. Er baut ein neues Haus und zeigt es uns auf dem Wege nach Hause. Zu Hause öffnet die Tante die Tür und grüsst freundlich. Abends feiern wir Geburtstag.

18. Past tense of strong verbs

All strong verbs have a stem vowel change in the past tense. The first and third persons singular are the same and have no endings. The other persons have the usual personal endings.

sehen--to see

ich sah	wir sah**en**
du sah**st**	ihr sah**t**
er sie sah es	sie, Sie sah**en**

Verbs with separable prefixes are separated in the past tense in the same manner as in the present tense.

Er geht ins Haus hinein.--He goes into the house.

Er ging ins Haus hinein.--He went into the house.

Following is a list of strong verbs in the past tense (note the vowel changes):

i, ie to a

beginnen	begann	to begin
binden	band	to tie
bitten	bat	to ask
ertrinken	ertrank	to drown
finden	fand	to find
gewinnen	gewann	to win
liegen	lag	to lie (down)
schwimmen	schwamm	to swim
singen	sang	to sing
sitzen	sass	to sit
springen	sprang	to jump
trinken	trank	to drink

ie, ü to o

anbieten	bot an	to offer
fliegen	flog	to fly
frieren	fror	to freeze
heben	hob	to lift
lügen	log	to lie
schieben	schob	to push
schiessen	schoss	to shoot
schliessen	schloss	to close
verbieten	verbot	to forbid
verlieren	verlor	to lose
ziehen	zog	to pull, to move (change residence)

ei to i, ie

beissen	biss	to bite
begreifen	begriff	to comprehend
bleiben	blieb	to stay, remain
beschreiben	beschrieb	to describe
greifen	griff	to reach
heissen	hiess	to be named
leihen	lieh	to lend
pfeifen	pfiff	to whistle
reiten	ritt	to ride (on horseback)
scheinen	schien	to shine
schreiben	schrieb	to write
schreien	schrie	to shout
steigen	stieg	to climb
vergleichen	verglich	to compare

e to a

essen	ass	to eat
fressen	frass	to eat (animals)
geben	gab	to give
geschehen	geschah	to happen
helfen	half	to help
lesen	las	to read
nehmen	nahm	to take
sehen	sah	to see
sprechen	sprach	to speak
stehen	stand	to stand
stehlen	stahl	to steal
sterben	starb	to die
treffen	traf	to meet
treten	trat	to step
vergessen	vergass	to forget
werfen	warf	to throw

a to u

einladen	lud ein	to invite
fahren	fuhr	to go (by vehicle)
schlagen	schlug	to beat
tragen	trug	to carry
wachsen	wuchs	to grow
waschen	wusch	to wash

a, ä, u, e, to ie, i

blasen	blies	to blow
fallen	fiel	to fall
fangen	fing	to catch

gehen	ging	to go
halten	hielt	to hold
hängen	hing	to hang
lassen	liess	to let
laufen	lief	to run
rufen	rief	to call
schlafen	schlief	to sleep
verlassen	verliess	to leave

<u>o</u>, <u>u</u> to <u>a</u>

bekommen	bekam	to receive
kommen	kam	to come
tun	tat	to do

EXERCISES

1. Give the past of the following verbs.

1.	trinken_____	11.	liegen_____
2.	sprechen_____	12.	singen_____
3.	laufen_____	13.	fliegen_____
4.	schwimmen_____	14.	einladen_____
5.	kommen_____	15.	lesen_____
6.	tun_____	16.	verlassen_____
7.	vergessen_____	17.	fallen_____
8.	reiten_____	18.	waschen_____
9.	schreiben_____	19.	sterben_____
10.	verlieren_____	20.	gewinnen_____

2. Conjugate the following verbs in the past tense.

  1. kommen: ich_____ du_____ wir_____ Paul_____

   ihr_____ Paul und Fritz_____

2. fliegen: ich_____ du_____ er_____ Marie_____

               Sie_____ ihr_____

3. schlagen: ich_____ du_____ wir_____ er_____

              Sie_____ sie (pl.)_____

4. tun: ich_____ wir_____

3. Write the verb in parentheses in the past tense.

1. (heissen) ich_____

2. (verbieten) der Vater_____

3. (bekommen) ich_____

4. (werfen) du_____

5. (reiten) er_____

6. (stehlen) wir_____

7. (tragen) Sie_____

8. (fangen) wir_____

9. (geschehen) es_____

10. (nehmen) ihr_____

11. (beissen) er_____

12. (rufen) ich_____

13. (leihen) wir_____

14. (geben) sie (pl.)_____

15. (hängen) es_____

16. (fallen) er_____

17. (schliessen) ich_____

18. (pfeifen) er_____

19. (helfen) Herr Kur_____

20. (treffen) ihr_____

4. Change the following sentences to the past tense.

1. Er spricht immer viel._____

2. Wie heisst du?_____

3. Wohin reiten wir?_____

4. Der Bus steht dort._____

5. Wir laden den Freund ein._____

6. Ich lasse es zu Hause._____

7. Er trägt keinen Mantel._____

8. Ich trete ins Zimmer._____

9. Sie vergisst ihr Buch._____

10. Ihr bleibt hier._____

11. Er wirft den Ball ins Wasser. _____

12. Wir vergleichen die Mädchen. _____

13. Marie schreibt einen Brief. _____

14. Das Auto fährt vorbei. _____

15. Sie lügen nie. _____

16. Die Jungen trinken Wasser. _____

17. Das Kind bittet um Brot. _____

18. Die Klasse beginnt um neun. _____

19. Fritz springt ins Wasser. _____

20. Wann kommst du? _____

21. Siehst du das Auto? _____

22. Paul ruft Brigitte an. _____

23. Wir nehmen den Mantel ab. _____

24. Ich schlafe lange. _____

25. Er isst Brot. _____

19. Past tense of mixed verbs

The mixed verbs have a vowel change in the past tense. They have, however, the -te suffix which is a characteristic of weak verbs.

Mixed verbs:

wissen	wusste	to know
bringen	brachte	to bring
denken	dachte	to think
brennen	brannte	to burn
kennen	kannte	to know
nennen	nannte	to name
rennen	rannte	to run
senden	sandte	to send
wenden	wandte	to turn

EXERCISE

Change the following sentences to the past tense.

1. Wir bringen das Buch. _____

2. Rennt ihr schnell? _____

3. Was denkst du? _____

4. Ich erkenne den Mann. _____

5. Er weiss nichts. _____

6. Senden Sie den Brief? _____

7. Herr Braun wendet sich an uns. _____

8. Kennst du die Frau? _____

9. Wie nennt man den See? _____

10. Die Bäume brennen nieder. _____

20. Past tense of <u>haben</u>, <u>sein</u>, and <u>werden</u>

The past tense of the auxiliary verbs <u>haben</u>, <u>sein</u>, and <u>werden</u> is irregular.

	haben-to have	sein-to be	werden-to become
ich	hatte	war	wurde
du	hattest	warst	wurdest
er, sie, es	hatte	war	wurde
wir	hatten	waren	wurden
ihr	hattet	wart	wurdet
sie, Sie	hatten	waren	wurden

EXERCISE

Change the following sentences to the past tense.

1. Es wird dunkel. _____

2. Wir sind hungrig. _____

3. Ich habe Angst. _____

4. Wir haben kein Haus. _____

5. Bist du krank? _____

6. Wir werden nervös. _____

7. Habt ihr das Buch? _____

8. Herr Braun wird krank. _____

9. Du hast Angst. _____

10. Seid ihr müde? _____

11. Die Kinder werden hungrig. _____

12. Ich bin nervös. _____

13. Die Familie ist nett. _____

14. Sie haben Zeit. _____

15. Ihr werdet müde. _____

21. Past tense of modal auxiliaries

The past tense adds the -te suffix to the verb stem of modal auxiliaries. While the present tense is highly irregular, the past tense is not.

	dürfen- be allowed, may	können- can, be able	mögen- care to, like to
ich	durfte	konnte	mochte
du	durftest	konntest	mochtest
er, sie, es	durfte	konnte	mochte
wir	durften	konnten	mochten
ihr	durftet	konntet	mochtet
sie, Sie	durften	konnten	mochten

	müssen- must, have to	sollen- shall, ought to	wollen- want to
ich	musste	sollte	wollte
du	musstest	solltest	wolltest
er, sie, es	musste	sollte	wollte
wir	mussten	sollten	wollten
ihr	musstet	solltet	wolltet
sie, Sie	mussten	sollten	wollten

EXERCISE

Change the following sentences to the past tense.

1. Ich will kommen. _____

2. Wir müssen aufstehen. _____

3. Er kann das nicht verstehen. _____

4. Darfst du kommen? _____

5. Margret soll schön sein. _____

6. Möchtet ihr hier bleiben? _____

7. Müllers wollen in Berlin wohnen. _____

8. Die Kinder können noch spielen. _____

9. Willst du uns besuchen? _____

10. Ich darf nichts sagen. _____

11. Herr Bohl, Sie sollen reich sein. _____

12. Ich mag das Buch. _____

13. Ich muss schlafen. _____

14. Ihr sollt kommen. _____

15. Ihr müsst viel schreiben. _____

Imperative, present perfect tense, and past tense.

1. Rewrite the following sentences in (1) the familiar command, singular, and (2) the familiar command, plural.

    1.   Sagen Sie nichts!

    _____

    2.   Kommen Sie her!

    _____

    3.   Kaufen Sie das!

    _____

    4.   Schreiben Sie den Brief!

    _____

    5.   Erwarten Sie nichts!

    _____

    6.   Springen Sie ins Wasser!

    _____

    7.   Leihen Sie mir 5 DM!

    _____

    8.   Gehen Sie ins Kino!

    _____

    9.   Lesen Sie das!

    _____

    10. Haben Sie keine Angst!

    _____

2. Change the following sentences to (1) the present perfect tense and (2) the past tense.

    1.   Er verkauft ein Buch.

        _____

    2.   Die Kinder schwimmen.

        _____

    3.   Kannst du laut sprechen?

        _____

    4.   Wir treffen uns um 9 Uhr.

        _____

    5.   Habt ihr Hunger?

        _____

    6.   Der Vater kommt heute abend an.

        _____

    7.   Herr Wagner, machen Sie die Tür zu?

        _____

    8.   Ich bin müde.

        _____

    9.   Sie antworten laut.

        _____

    10.   Du besuchst die Universität.

        _____

11. Das Boot geht unter.

_____

12. Wir werden krank.

_____

13. Die Schule beginnt um 9 Uhr.

_____

14. Paul läuft ins Wasser.

_____

15. Ich verstehe das nicht.

_____

16. Möchtet ihr in die Stadt fahren?

_____

17. Kennst du den Mann?

_____

18. Sie laden das Mädchen ein.

_____

19. Bleibt ihr hier?

_____

20. Der Hund atmet nicht mehr.

_____

3. Change the following sentences to the past tense.

1. Er muss es machen. _____

2. Wir fliegen über London. _____

3. Hörst du das? _____

4. Das Auto fährt vorbei. _____

5. Sollen wir ins Haus gehen? _____

6. Gehst du ins Haus? _____

7. Ich lese den Roman. _____

8. Die Mutter spricht viel. _____

9. Wir rufen die Eltern an. _____

10. Was empfehlen Sie im Restaurant? _____

11. Die Blume wächst gut. _____

12. Der Kuchen schmeckt gut. _____

13. Die Familie trinkt Wein. _____

14. Wir wohnen in Berlin. _____

15. Ich finde das Buch. _____

16. Weisst du das? _____

17. Die Maus beisst. _____

18. Das Baby schläft ein. _____

19. Was kostet das? _____

20. Die Kinder sitzen auf der Bank. _____

21. Er stellt den Freund vor. _____

22. Paul und Luise verlieren das Geld. _____

23. Wir warten auf dich. _____

24. Der Herr singt schön. _____

25. Sie feiern Geburtstag. _____

26. Sucht er das Geld? _____

27. Ich esse das Brot. _____

28. Er steigt ins Auto ein. _____

29. Was tust du? _____

30. Will er das? _____

31. Es wird kalt. _____

32. Wir bringen es hin. _____

33. Ihr holt das Auto ab. _____

22. Past perfect tense

Use of tense

The past perfect tense is used to show events which happened before other past events.

Er ging nach Hause, denn er hatte das Geld vergessen. --He went home, for he had forgotten the money.

Formation of tense

The past perfect is formed in the same manner as the present perfect--auxiliary verb plus past participle. However, the past perfect uses the past tense of the auxiliary verbs haben or sein.

Conjugation of past perfect with verbs that take haben:

ich hatte ein Buch gekauft--I had bought a book

du hattest ein Buch gekauft

er, sie, es hatte ein Buch gekauft

wir hatten ein Buch gekauft

ihr hattet ein Buch gekauft

sie, Sie hatten ein Buch gekauft

Conjugation of past perfect with verbs that take sein:

ich war gekommen--I had come

du warst gekommen

er, sie, es war gekommen

wir waren gekommen

ihr wart gekommen

sie, Sie waren gekommen

EXERCISES

1. Supply the correct auxiliary verb in the past perfect tense.

    1. Ich_____zu viel gegessen.

    2. Georg_____eine Karte geschrieben.

    3. Wie lange_____du geschlafen?

    4. Wir_____sofort gekommen.

5. Schneiders _____ nach Berlin gefahren.

6. Ihr _____ lange gewartet.

7. Sie (sing.) _____ auf viel Geld gehofft.

8. Das Boot _____ untergegangen.

9. Du _____ recht gehabt.

10. Ich _____ lange krank gewesen.

2. Change the following sentences to the past perfect.

1. Sie werfen den Ball.

    _____

2. Ich kaufe ein Auto.

    _____

3. Er bestellt eine Tasse Kaffee.

    _____

4. Du hast Glück.

    _____

5. Wir packen den Hut aus.

    _____

6. Herr Schmidt, wie lange sprechen Sie?

    _____

7. Ich werde nervös.

    _____

8. Der Ball fällt ins Wasser.

    _____

9. Es gibt Wein.

_____

10. Das Kind trinkt ein Glas Milch.

_____

11. Mein Freund ist hier.

_____

12. Sie reiten vors Haus.

_____

13. Er nimmt den Hut ab.

_____

14. Ihr steckt das Geld ein.

_____

15. Wann besuchst du den Onkel?

_____

23. Future perfect tense

Use of tense

As in English, the future perfect tense is rarely used in German. When it is used, it is very often employed to express presumption.

Er <u>wird</u> nach Hause <u>gegangen</u> sein. --He has probably gone home.

Formation of tense

The future perfect is formed with the past participle and the future tense of the auxiliary verb (er wird haben, er wird sein). Note the position of the auxiliary verb.

      ich werde gelernt haben--I will have learned (I have probably
                     learned, studied)

      du wirst gelernt haben

      er, sie, es wird gelernt haben

      wir werden gegangen sein--we will have gone (we have probably gone)

      ihr werdet gegangen sein

      sie, Sie werden gegangen sein

EXERCISES

1. Insert the future perfect auxiliary verb in the following sentences.

   1. Er_____in die Schule gegangen_____.

   2. Wir_____den Lehrer gefragt_____.

   3. Ich_____den Vater besucht_____.

   4. Müllers_____nach Berlin gefahren_____.

   5. Mutter_____das Kind gewaschen_____.

   6. Ihr_____viel Geld gehabt_____.

   7. Du_____den Mann gekannt_____.

   8. Paul und Luise_____im See geschwommen_____.

   9. Er_____krank gewesen_____.

  10. Du_____mir das Buch gebracht_____.

2. Change the following sentences to the future perfect tense.

    1. Wir öffnen die Tür._____

    2. Sie schreibt einen Brief._____

    3. Ich habe es vergessen._____

    4. Du arbeitest lange._____

    5. Ihr kauft es morgen._____

    6. Wir wissen es schon._____

    7. Sie verlieren es immer._____

    8. Frau Weiss fragt oft._____

    9. Sie ist krank._____

   10. Sie laufen schnell._____

   11. Wir machen einen Spaziergang._____

   12. Er begegnet ihm oft._____

   13. Ich habe das Buch._____

   14. Müllers bleiben in Berlin._____

   15. Die Klasse beginnt um 9 Uhr._____

24. Reflexive verbs

Use of the reflexive

When the subject reflects or reacts upon itself, a reflexive verb is used. German uses the reflexive form more frequently than English. As in English, the same verb may be reflexive or non-reflexive, depending on its use. Die Mutter wäscht sich. Here subject and object are the same person, thus making the verb reflexive. Die Mutter wäscht das Kind. Here subject and object are two different persons, therefore, the verb is non-reflexive.

Formation of reflexive construction

To make the reflexive construction, personal pronouns are placed directly after the inflected verb. For the first and second persons singular and plural, the accusative and sometimes the dative forms of the personal pronouns are used.

ich wasche mich--I wash myself	ich helfe mir--I help myself
du wäscht dich	du hilfst dir
wir waschen uns	wir helfen uns
ihr wascht euch	ihr helft euch

For the third person singular and plural and the formal 'Sie', sich is used.

er, sie, es wäscht sich	er, sie, es hilft sich
sie, Sie waschen sich	sie, Sie helfen sich

Perfect tenses of reflexive verbs

All reflexive verbs use haben as the auxiliary verb when forming the present perfect, past perfect, and future perfect tenses.

Ich habe mich gewaschen. Wir haben uns setzen müssen.

Du hattest dir geholfen.

I. Common reflexive verbs that use the accusative pronoun:
(Note that some reflexives require a special preposition.)

sich amüsieren--to have a good time

sich anziehen--to dress oneself

sich ärgern--to be provoked

sich ausruhen--to rest

sich ausziehen--to undress oneself

sich bedanken bei--to thank a person

sich bedanken für--to thank for something

sich beeilen--to hurry

sich benehmen--to behave oneself

sich bewegen--to move

sich bücken--to stoop

sich entschuldigen--to excuse oneself

sich erinnern an--to remember

sich erkälten--to catch a cold

sich festhalten--to hold on

sich freuen--to be glad

sich freuen auf--to look forward with pleasure to

sich freuen über--to be happy about

sich gewöhnen an--to get used to

sich interessieren für--to be interested in

sich kämmen--to comb oneself

sich legen--to lie down

sich schämen--to be ashamed

sich setzen--to sit down

sich vorstellen--to introduce oneself

sich waschen--to wash oneself

II. Common reflexive verbs that use the dative pronouns:

sich denken (einbilden)--to imagine

sich helfen--to help oneself

sich leisten--to afford

sich schaden--to harm oneself

sich schmeicheln--to flatter oneself

sich weh tun--to hurt oneself

Use of dative with personal interest

The dative pronouns are also used when the reflexive construction is to show personal interest. I build myself a house. Ich baue <u>mir</u> ein Haus. Meaning: I build it for "myself".

Ich kaufe mir ein Auto. --I buy myself a car.

Er bestellt sich ein Stück Kuchen. --He orders himself a piece of cake.

Reflexive commands

A pronoun must also be used after the reflexive verb in the command form.

Setzen Sie <u>sich</u>!--Sit down!

Tuen Sie <u>sich</u> nicht weh!-- Don't hurt yourself!

Setz <u>dich</u>!

Tue <u>dir</u> nicht weh!

Setzt <u>euch</u>!

Tut <u>euch</u> nicht weh!

Setzen wir <u>uns</u>!

Tuen wir <u>uns</u> nicht weh!

EXERCISES

1. Complete the following sentences.

Ich amüsiere mich.

1. Du_____
2. Er_____
3. Wir_____
4. Ihr_____
5. Paul und Fritz_____

Du schmeichelst dir nicht.

6. Frau Schmidt_____
7. Wir_____
8. Ich_____
9. Ihr_____
10. Müllers_____

2. Complete the following sentences with the correct form of the verb and pronoun.

1. (sich freuen) Ich_____auf morgen.

2. (sich vorstellen) Er_____.

3. (sich helfen können) Du_____.

4. (sich entschuldigen) Marie_____.

5. (sich beeilen) Wir_____.

6. (sich kaufen) Ich_____ein Auto.

7. (sich bewegen) Das Auto_____.

8. (sich ausziehen)_____ihr_____die Jacke_____?

9. (sich interessieren) Schmidts_____für Musik.

10. (sich leisten können) Ich_____das Auto_____.

3. Change the following statements to commands.

    1. Du wäscht dich._____

    2. Ihr setzt euch._____

    3. Sie helfen sich._____

    4. Du nimmst dir ein Stück Brot._____

    5. Wir beeilen uns._____

    6. Du setzt dich._____

    7. Du denkst dir das._____

    8. Ihr kämmt euch._____

    9. Du tust dir nicht weh._____

  10. Sie erkälten sich nicht._____

4. Change the following sentences to the present perfect tense.

    1. Ich kaufe mir einen Mantel.

    _____

    2. Paul setzt sich auf die Couch.

    _____

    3. Wir stellen uns das vor.

    _____

4. Marie bildet sich immer viel ein.

_____

5. Die Tür öffnet sich.

_____

6. Ich kann mich nicht an das Wetter gewöhnen.

_____

7. Wir bedanken uns bei der Mutter.

_____

8. Ich bedanke mich für die Blumen.

_____

9. Das Kind benimmt sich immer gut.

_____

10. Ihr entschuldigt euch beim Vater.

_____

25. Impersonal verbs

As in English, many verbs are used impersonally in German. The subject of impersonal verbs is <u>es</u>.

I. <u>Common impersonal verbs describing weather</u>

es blitzt--it's lightening   es regnet--it's raining

es donnert--it's thundering   es schneit--it's snowing

es friert--it's freezing

II. <u>Common impersonal verbs that take the dative</u>

Es gefällt mir. --I like it.

Es geht mir gut (or schlecht). --I am fine (or not well).

Wie geht es Ihnen? --How are you?

Es gelingt mir. --I am successful.

Wann ist es geschehen? --When did it happen?

Es geschieht mir recht. --It serves me right.

Es scheint mir. --It seems to me.

Es tut mir leid. --I am sorry.

III. <u>Es gibt</u> or <u>es ist, es sind</u>

<u>Es gibt</u>--there is, or <u>es gab</u>--there was (followed by the accusative) is used in a general sense.

Es gibt heute keine Zeitung. --There is no paper today.

Es gibt viele Männer in dieser Stadt. --There are many men in this town.

<u>Es ist</u>--there is, or <u>es sind</u>--there are (followed by the nominative) is more specific and definite.

Es sind nur zwei Zeitungen auf dem Tisch. --There are only two papers on the table.

Es war ein Mann im Zimmer. --There was one man in the room.

EXERCISE

Translate into German.

1. How are you, Paul?

2. I am fine. _____

3. How are you, Mr. Brown? _____

4. I like it. _____

5. There are three trees in the garden. (im Garten) _____
_____

6. He is successful. _____

7. She is sorry. _____

8. It isn't lightening. _____

9. We are sorry. _____

10. There are no cars on the moon. (auf dem Mond) _____
_____

26. Infinitive constructions

I. Verbal nouns

All infinitives can be used as neuter nouns.

Das <u>Schwimmen</u> ist hier gefährlich. --Swimming is dangerous here.

Das <u>Arbeiten</u> gefällt ihm nicht. --He doesn't like the work.

II. Double infinitives

Sequences like <u>kaufen wollen,</u> <u>setzen dürfen</u> are called 'double infinitives'. The double infinitive is always placed at the end of the clause--the modal being the last element. Double infinitives are only used with the perfect and future tenses.

present perfect: Ich habe das Auto kaufen wollen. -- I wanted to buy the car.

past perfect: Ich hatte das Auto kaufen wollen.

future: Ich werde das Auto kaufen wollen.

future perfect: Ich werde das Auto haben* kaufen wollen.

III. Double infinitive with lassen, helfen, sehen, etc.

The double infinitive sequence may also be used with the following verbs. Like the modals, these verbs are also the last element in a double infinitive construction.

fühlen--to feel	lassen--to let, leave
heissen--to be called, named to, command to	lehren--to teach
helfen--to help	lernen--to learn
hören--to hear	sehen--to see

present perfect: Ich habe das Kind gehen lassen.

past perfect: Ich hatte das Auto kommen sehen.

future: Ich werde Deutsch sprechen lernen.

future perfect: Ich werde die Musik haben* spielen hören.

Note that after these verbs and the six modal auxiliaries, <u>zu</u> is not used.

---

*Note the position of <u>haben</u>.

III. Infinitive with <u>zu</u>

Except for the modal auxiliaries and the verbs listed on page 82, <u>zu</u> is used with an infinitive in the same manner as 'to' is used in English.

Es begann zu regnen. --It started to rain.

Wir versuchen, Deutsch zu lernen. --We try to learn German.

When the infinitive has a separable prefix, <u>zu</u> is placed between the prefix and the verb.

Er versucht, die Tür auf<u>zu</u>machen.

IV. Prepositions and infinitive

The prepositions <u>anstatt</u> (statt)--instead, <u>ohne</u>--without, and <u>um</u>--in order to, can be followed by an infinitive with <u>zu</u>.

<u>Anstatt</u> nach Hause <u>zu gehen</u>, ging er in den Park. --Instead of going home, he went to the park.

<u>Ohne</u> sein Buch <u>mitzunehmen</u>, ging er in die Schule. --Without taking his book, he went to school.

<u>Um</u> gut Deutsch <u>zu sprechen</u>, muss man viel lernen. --In order to speak German well, one has to learn a lot.

V. Infinitive and commands

Sometimes the infinitive is used to give a sharp command.

Schlafen! --Sleep!

Still sein! --Be quiet!

Aufstehen! --Get up!

EXERCISES

1. Restate the following expressions in English.

   1. Sie hat Angst zu sprechen. _____

   2. Gerade stehen! _____

   3. Anstatt schlafen zu gehen, las er das Buch. _____

   4. Wir versprechen vorbeizukommen. _____

   5. Aufhören! _____

   6. Das Reiten gefällt ihm. _____

7. Um in die Stadt zu kommen, muss man über den Fluss fahren. _____

_____

8. Mutter hat gut kochen können. _____

9. Ohne etwas zu sagen, verliess er das Haus. _____

10. Das Stehlen ist verboten. _____

2. Change the following sentences to the present perfect and the future tenses.

   1. Er beginnt zu arbeiten.

   _____

   2. Ohne etwas zu sagen, geht er nach Hause.

   _____

   3. Er will nichts sagen.

   _____

   4. Ich muss das Buch lesen.

   _____

   5. Sie lehrt uns Englisch sprechen.

   _____

   6. Um ihn zu sehen, muss man gut aufpassen.

   _____

   7. Ihr heisst den Hund sitzen.

   _____

   8. Du kannst gut Deutsch sprechen.

   _____

   9. Frau Meier lässt sich ein Kleid machen.

   _____

10. Er sieht den Mann kommen.

_____

11. Warum willst du nichts sagen?

_____

12. Wir helfen der Mutter die Blumen pflanzen.

_____

13. Wir hören ihn rufen.

_____

14. Anstatt in die Schule zu gehen, fahren wir zum Onkel.

_____

15. Ich darf es nicht essen.

_____

27. The passive voice

Formation of the passive voice

In German, the passive is formed by combining the auxiliary verb <u>werden</u> and the past participle of a verb.

Er <u>wird</u> gefragt.	He is being asked.
Wir <u>werden</u> gelobt.	We are being praised.

In the perfect tenses (present perfect, past perfect, and future perfect) <u>worden</u> is used instead of <u>geworden</u>.

present perfect:	Er ist gefragt <u>worden</u>.	He has been asked.
past perfect:	Wir waren gelobt <u>worden</u>.	We had been praised.

When changing a sentence from the active to the passive, the direct object of the active sentence becomes the subject of the passive sentence.

active:	Der Mann liest <u>das Buch</u>.	The man reads the book.
passive:	Das Buch wird von dem Mann gelesen.	The book is read by the man.

Von or durch

The subject of the active voice (der Mann) becomes the agent in the passive (von dem Mann) and is governed by the preposition <u>von</u> if the agent is a person; and usually by <u>durch</u> if the agent is an inanimate object.

Das Auto wird von der Frau gekauft. The car is bought by the woman.

Der Garten wurde durch das Auto zerstört. The garden was destroyed by the car.

<u>Von</u> is followed by the dative; <u>durch</u> is followed by the accusative.

Conjugation of passive voice

present:	Das Buch <u>wird</u> von dem Lehrer gelesen. The book is being read by the teacher.
present perfect:	Das Buch <u>ist</u> von dem Lehrer <u>gelesen</u> worden.
past:	Das Buch <u>wurde</u> von dem Lehrer <u>gelesen</u>.
past perfect:	Das Buch <u>war</u> von dem Lehrer <u>gelesen</u> worden.
future:	Das Buch <u>wird</u> von dem Lehrer <u>gelesen</u> werden.

future perfect: Das Buch <u>wird</u> von dem Lehrer <u>gelesen</u> <u>worden</u> <u>sein</u>.

<u>Man</u> as a substitute

The passive voice is used much less in German than in English. The perfect
and future tenses especially are seldom used. Instead, <u>man</u> with the active voice
is used.

<div align="center">Passive</div>	<div align="center">Active</div>
Es wurde uns gesagt. -- It was told to us.	<u>Man</u> sagte es uns.
Es wird viel Fleisch in Amerika gegessen. --A lot of meat is eaten in America.	Man isst viel Fleisch in Amerika.

Passive with modal auxiliaries

A true passive voice is not used with modals. The infinitive following the modal
is changed to the passive infinitive which is a past participle plus <u>werden</u>. This gives
the expression a passive sense.

<div align="center">Active</div>	<div align="center">Passive</div>
Ich kann das Auto <u>kaufen</u>. -- I can buy the car.	Das Auto kann <u>gekauft</u> <u>werden</u>. -- The car can be bought.
Wir sollten die Tür <u>schliessen</u>. We were supposed to close the door.	Die Tür sollte von uns <u>geschlossen</u> <u>werden</u>. The door was supposed to be closed by us.

EXERCISES

1. Change the following sentences to the past tense and the future tense of the
    passive.

    1. Die Tür wird von uns geschlossen.

        _____

    2. Das Buch wird von dem Lehrer gelesen.

        _____

    3. Wir werden von dem Mann gesehen.

        _____

4. Das Wasser wird von dem Kind getrunken.

_____

5. Ich werde von dem Freund vorgestellt.

_____

6. Die Couch wird von der Familie gekauft.

_____

7. Du wirst von dem Jungen gefangen.

_____

8. Sie werden von dem Onkel eingeladen.

_____

9. Ihr werdet von dem Mann gesehen.

_____

10. Ich werde von der Mutter gerufen.

_____

2. Change the following sentences from the active to the passive.

1. Der Mann repariert das Auto.

_____

2. Ich hole dich mit dem Auto ab. (von mir)

_____

3. Wir bringen dem Hund das Fleisch.

_____

4. Mutter wird uns besuchen.

_____

5. Der Hund frisst das Fleisch.

_____

6. Luise schloss das Fenster.

_____

7. Müllers bauen das grosse Haus.

_____

8. Ich muss das Buch lesen.

_____

9. Paul soll den Hut auspacken.

_____

10. Das Baby sollte die Milch trinken.

_____

3. Restate the following passive sentences using <u>man</u>.

      Example: Das Buch wird mir gegeben.

      Man gibt mir das Buch.

1. Das Museum wird um 9 Uhr geschlossen.

_____

2. Das wurde mir versprochen.

_____

3. Uns wurde das Buch nicht gezeigt.

_____

4. Das Fenster wurde geöffnet.

_____

5. Es wird nichts gesagt werden.

_____

Review IV

Present, present perfect, past, past perfect, and future perfect tenses; passive, reflexive.

1. Change the following sentences to present tense, present perfect tense, past perfect tense, and future perfect tense.

    1.   Der Vater ging nach Hause.

    _____

    _____

    2.   Wir besuchten das Museum.

    _____

    _____

    3.   Ich nahm den Ball mit.

    _____

    _____

    4.   Er ass das Brot.

    _____

    _____

    5.   Was sagtest du?

    _____

    _____

    6.   Herr Braun und Luise kauften nichts.

    _____

    _____

    7.   Sie studierten in Berlin.

    _____

    _____

    8.   Hattet ihr Angst?

    _____

    _____

9. Herr Braun sprach laut.

_____

_____

10. Ich gab ihr das Buch.

_____

_____

11. Wir kamen um 9 Uhr an.

_____

_____

12. Wir durften das nicht.

_____

_____

13. Es wurde kalt.

_____

_____

14. Er half dem Alten.

_____

_____

15. Wo warteten sie?

_____

_____

16. Das Mädchen tanzte lange.

_____

_____

17. Die Kinder liefen ins Haus.

_____

_____

18. Die Frau klingelte.

_____

_____

19. Wir lernten viel.

_____

_____

20. Ich wollte es.

_____

_____

2. Change the following sentences to the past tense.

1. Wir haben hier gewohnt. _____

2. Sie haben den Film gesehen. _____

3. Der Hund ist nicht ertrunken. _____

4. Paul ist im Wasser geschwommen. _____

5. Wir haben das schon gewusst. _____

6. Sie haben gern befohlen. _____

7. Mutter hat schön singen können. _____

8. Das Kind hat kriechen wollen. _____

9. Die Kinder haben den Ball gesucht. _____

10. Sie hat die Blume abgebrochen. _____

11. Das Kind hat den Ball gegriffen. _____

12. Er hat immer das Buch verloren. _____

13. Wir haben die Tür geöffnet. _____

14. Das Haus hat gebrannt. _____

15. Vater hat in der Stadt gearbeitet. _____

3. Change the following sentences from the passive to the active.

    1. Das Auto wird jetzt von Müllers verkauft.

    _____

    2. Das Versprechen ist gebrochen worden. (Er)

    _____

    3. Das Buch wird vom Vater gelesen.

    _____

    4. Das Lied war gepfiffen worden. (Er)

    _____

    5. Die Blume wird von dem Kind gerochen.

    _____

    6. Wurde die Tür von dir geschlossen?

    _____

    7. Der Wagen ist geschoben worden. (Er)

    _____

    8. Das Wasser wird von mir getrunken werden.

    _____

    9. Der Hund wird von dem Kind gebadet.

    _____

    10. Die Blumen sind von den Eltern gepflanzt worden.

    _____

4. Complete the following sentences with the correct form of the verb and correct pronoun as necessary.

    1. (sich waschen) Wir_____nicht gern.

    2. (sich interessieren) Er _____für Musik.

    3. (vorstellen) Müllers_____den Onkel_____.

    4. (sich vorstellen) Ich_____.

    5. (zusammenbringen) Er_____die Freunde_____.

    6. (sich bewegen) Die Blume_____im Wind.

7. (sich einbilden) Er_____viel_____.

8. (schreien) Die Jungen_____laut.

9. (sich benehmen) Das Kind_____gut.

10. (verschlafen) Hast du wieder_____?

28. Formation of the subjunctive mood

The endings of all subjunctive verbs (except <u>sein</u>) in the present and past tense are: <u>e</u>, -<u>est</u>, -<u>e</u>, <u>en</u>, -<u>et</u>, and -<u>en</u>.

Present tense

	<u>sagen</u>	<u>haben</u>	<u>sein</u>
ich	sag<u>e</u>	hab<u>e</u>	sei
du	sag<u>est</u>	hab<u>est</u>	sei<u>est</u>
er	sag<u>e</u>	hab<u>e</u>	sei
wir	sag<u>en</u>	hab<u>en</u>	sei<u>en</u>
ihr	sag<u>et</u>	hab<u>et</u>	sei<u>et</u>
sie	sag<u>en</u>	hab<u>en</u>	sei<u>en</u>

Past tense

All strong verbs which have an <u>a</u>, <u>u</u>, or <u>o</u> in the stem of the past tense take an umlaut in the subjunctive. This rule also applies to the mixed verbs <u>bringen</u>, <u>denken</u>, and <u>wissen</u>, and all modal auxiliaries except <u>sollen</u> and <u>wollen</u>. The past subjunctive of weak verbs is the same as the past indicative.

<u>weak verbs</u>		<u>strong verbs</u>	
	<u>sagen</u>	<u>sprechen</u>	<u>gehen</u>
ich	sag<u>te</u>	spr<u>ä</u>ch<u>e</u>	ging<u>e</u>
du	sag<u>test</u>	spr<u>ä</u>ch<u>est</u>	ging<u>est</u>
er	sag<u>te</u>	spr<u>ä</u>ch<u>e</u>	ging<u>e</u>
wir	sag<u>ten</u>	spr<u>ä</u>ch<u>en</u>	ging<u>en</u>
ihr	sag<u>tet</u>	spr<u>ä</u>ch<u>et</u>	ging<u>et</u>
sie	sag<u>ten</u>	spr<u>ä</u>ch<u>en</u>	ging<u>en</u>

		auxiliaries	
	<u>haben</u>	<u>sein</u>	<u>werden</u>
ich	h<u>ä</u>tt<u>e</u>	w<u>ä</u>r<u>e</u>	w<u>ü</u>rd<u>e</u>
du	h<u>ä</u>tt<u>est</u>	w<u>ä</u>r<u>est</u>	w<u>ü</u>rd<u>est</u>
er	h<u>ä</u>tt<u>e</u>	w<u>ä</u>r<u>e</u>	w<u>ü</u>rd<u>e</u>

wir	hätten	wären	würden
ihr	hättet	wäret	würdet
sie	hätten	wären	würden

Compound tense

When forming the present perfect, past perfect, future, or future perfect, only the auxiliaries haben, sein, or werden take the subjunctive form.

Present perfect

weak verbs	strong verbs	
ich habe gesagt	ich habe gesprochen	ich sei gegangen
du habest gesagt	du habest gesprochen	du seiest gegangen

auxiliaries

haben	sein	werden
ich habe gehabt	ich sei gewesen	ich sei geworden
du habest gehabt	du seiest gewesen	du seiest geworden

Past perfect

weak verbs	strong verbs	
ich hätte gesagt	ich hätte gesprochen	ich wäre gegangen
du hättest gesagt	du hättest gesprochen	du wärest gegangen

auxiliaries

haben	sein	werden
ich hätte gehabt	ich wäre gewesen	ich wäre geworden
du hättest gehabt	du wärest gewesen	du wärest geworden

Future

weak verbs	strong verbs	
ich werde sagen	ich werde sprechen	ich werde gehen
du werdest sagen	du werdest sprechen	du werdest gehen

auxiliaries

haben	sein	werden
ich werde haben	ich werde sein	ich werde werden
du werdest haben	du werdest sein	du werdest werden

Future perfect

weak verbs	strong verbs	
ich werde gesagt haben	ich werde gesprochen haben	ich werde gegangen sein
du werdest gesagt haben	du werdest gesprochen haben	du werdest gegangen sein

auxiliaries

haben	sein	werden
ich werde gehabt haben	ich werde gewesen sein	ich werde geworden sein
du werdest gehabt haben	du werdest gewesen sein	du werdest geworden sein

EXERCISES

1. Supply the proper form of the subjunctive in the present and past tenses.

    1. (haben) ich _____ _____

    2. (kaufen) du _____ _____

    3. (sein) er _____ _____

    4. (nehmen) wir _____ _____

    5. (werden) ihr _____ _____

    6. (gehen) Sie _____ _____

    7. (singen) Paul _____ _____

    8. (besuchen) wir _____ _____

    9. (schlafen) ich _____ _____

    10. (wissen) du _____ _____

2. Supply the proper form of the subjunctive in the present perfect and the past perfect tenses.

    1. (sagen) er _____ _____

    2. (trinken) ihr _____ _____

    3. (haben) Herr Müller _____ _____

    4. (sein) du _____ _____

    5. (verkaufen) wir _____ _____

    6. (bringen) ich _____ _____

7. (kommen) Marie_____ _____

8. (werden) ihr_____ _____

9. (verstehen) Müllers_____ _____

10. (schreiben) du_____ _____

29. Use of the subjunctive--expressing a wish

Use of the subjunctive

The subjunctive mood is rarely used in English. The use of the subjunctive is also declining in German, although it still is found frequently in literature. The indicative mood shows fact or reality. The subjunctive shows uncertainty, possibility, doubt, or wish.

Subjunctive in expressing a wish

I.   The present subjunctive is usually used in stereotyped phrases to express a wish.

Gott segne dich!   May God bless you!

Dein Wille geschehe!   Thy will be done!

Lang lebe der Kaiser!   Long live the emperor!

II.   The past subjunctive is used to express a wish whose fulfillment is improbable at the present time. It is usually accompanied by <u>nur</u> or <u>doch</u>.

Wäre sie nur gesund!   If only she were well!

Sänge er nur dieses Lied!   If only he sang this song!

Ach, dass er doch ginge!   If only he would go!

III.   The past perfect subjunctive is used to express a wish whose fulfillment would have been desirable in the past. It is usually accompanied by <u>nur</u> or <u>doch</u>.

Wäre er nur gestern hier gewesen!   If only he had been here
                                    yesterday!

Hätte ich nur das Auto kaufen können!   If only I could have bought
                                        the car!

EXERCISE

Restate the following sentences in English.

1.   Wäre es doch wärmer!_____

2.   Gott sei Dank!_____

3.   Hätte ich nur genug Geld gehabt!_____

4.   Hätte ich dich nur gesehen!_____

5. Kämen sie nur bald! _____

6. Könnte ich nur besser lesen! _____

7. Schliefe er doch nur!   _____

8. Wäre Paul nur hier! _____

9. Hätte er nur keine Angst! _____

10. Wären wir doch in den Zoo gegangen! _____

30. Subjunctive after als ob or als wenn

Present time

Als ob or als wenn clauses expressing an occurrence at the present time use the past subjunctive.

        Sie sieht aus, als wenn sie gesund wäre.
        She looks as if she were healthy.

        Er tut, als ob er mich nicht hören könnte.
        He acts as if he can't hear me.

Past

Als ob or als wenn clauses expressing an occurrence in the past use the past perfect subjunctive.

        Sie sah aus, als wenn sie gesund gewesen wäre.
        She looked as if she had been healthy.

        Er tat, als wenn er mich nicht gehört hätte.
        He acted as if he hadn't heard me.

Omission of ob or wenn

If ob or wenn is omitted, the finite verb is placed directly after als.

        Sie sieht aus, als wäre sie gesund.

        Er tat, als hätte er mich nicht gehört.

EXERCISES

1. Supply the correct form of the verbs indicated, placing the occurrence at the present time.

        Example: Sie tut, als ob sie heute (kommen)_____.
                  Sie tut, als ob sie heute käme.

  1. Er tut, als ob er Deutsch gut (verstehen)_____.

    _____

  2. Er tut, als ob er die Klasse gern (haben)_____.

    _____

  3. Das Kind sieht aus, als wenn es krank (sein)_____.

    _____

4. Die Mutter tut, als wenn ihre Kinder schön (sein)_____.

_____

5. Es scheint, als wenn es heiss (werden)_____.

_____

2. Supply the correct form of the verbs indicated, placing the occurrence in the past.

        Example: Sie tat, als wenn sie heute (kommen)_____.
                       Sie tat, als wenn sie heute <u>gekommen wäre</u>.

1. Es schien, als wenn wir nie hier (sein)_____.

_____

2. Die Mutter tat, als ob sie nichts zu essen (haben)_____.

_____

3. Er tat, als ob er mich nicht (sehen)_____.

_____

4. Er tut, als ob er krank (sein)_____.

_____

5. Der Vater tat, als ob wir kein Geld (bekommen)_____.

_____

3. Restate the following sentences omitting <u>ob</u> or <u>wenn</u>.

1. Er tat, als ob er nichts getan hätte.

_____

2. Es sieht aus, als wenn es schön würde.

_____

3. Wir taten, als ob wir reich gewesen wären.

_____

4. Sie sah aus, als wenn sie früher schön gewesen wäre.

_____

5. Er tut, als ob er zu mir liefe.

_____

31. Conditional

Use of the conditional

Although the conditional is also found in literature, it most commonly is used in German speech. Instead of the conditional, the less common past and past perfect subjunctive could also be used.

present conditional:	Er würde nicht kommen, wenn...
subjunctive:	Er käme nicht, wenn... He wouldn't come, if...
past conditional:	Das würde er nie getan haben.
subjunctive:	Das hätte er nie getan. He never would have done this.

Formation of the conditional

The present conditional consists of the past subjunctive form of <u>werden</u> (er würde) and an infinitive.

Er würde bald kommen. --He should come soon.

Conjugation of present conditional

	weak verbs	strong verbs	
	sagen	**sprechen**	**gehen**
ich	würde sagen-- I should say	würde sprechen-- I should speak	würde gehen-- I should go
du	würdest sagen	würdest sprechen	würdest gehen
er	würde sagen	würde sprechen	würde gehen
wir	würden sagen	würden sprechen	würden gehen
ihr	würdet sagen	würdet sprechen	würdet gehen
sie	würden sagen	würden sprechen	würden gehen

auxiliaries

	haben	**sein**	**werden**
ich	würde haben-- I should have	würde sein-- I should be	würde werden-- I should become
du	würdest haben	würdest sein	würdest werden
er	würde haben	würde sein	würde werden
wir	würden haben	würden sein	würden werden
ihr	würdet haben	würdet sein	würdet werden
sie	würden haben	würden sein	würden werden

The past conditional consists of the past subjunctive form of werden (er würde), a past participle, and haben or sein.

Er würde bald gekommen sein. --He would have come soon.

Conjugation of past conditional

	weak verbs	strong verbs	
	sagen	sprechen	gehen
ich	würde gesagt haben	würde gesprochen haben	würde gegangen sein
du	würdest gesagt haben	würdest gesprochen haben	würdest gegangen sein
er	würde gesagt haben	würde gesprochen haben	würde gegangen sein
wir	würden gesagt haben	würden gesprochen haben	würden gegangen sein
ihr	würdet gesagt haben	würdet gesprochen haben	würdet gegangen sein
sie	würden gesagt haben	würden gesprochen haben	würden gegangen sein

	auxiliaries		
	haben	sein	werden
ich	würde gehabt haben	würde gewesen sein	würde geworden sein
du	würdest gehabt haben	würdest gewesen sein	würdest geworden sein
er	würde gehabt haben	würde gewesen sein	würde geworden sein
wir	würden gehabt haben	würden gewesen sein	würden geworden sein
ihr	würdet gehabt haben	würdet gewesen sein	würdet geworden sein
sie	würden gehabt haben	würden gewesen sein	würden geworden sein

EXERCISE

Supply the proper form of the conditional in the present and past tenses.

1. (finden) ich _____   _____

2. (reiten) du _____   _____

3. (zeigen) er _____   _____

4. (haben) wir _____   _____

5. (einpacken) Marie _____   _____

6. (vergessen) er _____   _____

7. (sein) Sie _____   _____

8. (kaufen) wir _____   _____

9. (fahren) die Kinder _____   _____

10. (besuchen) ich _____   _____

11. (werden) ihr _____   _____

12. (denken) du _____   _____

13. (wollen) Paul _____   _____

14. (leihen) Brauns _____   _____

15. (werfen) Die Kinder _____   _____

32. Unreal condition (subjunctive or conditional)

There are two types of unreal conditions: present and past. Sentences with unreal conditions always consist of a subordinate clause with "if", called the 'condition', and a main clause, called the 'conclusion'.

Condition	Conclusion

If I had money, I should buy this car.

I. Present

When the condition is unfulfilled at the present time, German uses the past subjunctive in both clauses, or substitutes the present conditional in the conclusion.

Wenn ich Geld hätte,

  kaufte ich das Auto. (past subjunctive)
  or
  würde ich das Auto kaufen. (pres. conditional)

If I had money, I should buy the car.

Wenn du hier wärst,

  suchte ich dich nicht. (past subjunctive)
  or
  würde ich dich nicht suchen. (pres. conditional)

If you were here, I wouldn't look for you.

II. Past

When the condition was unfulfilled in the past, German uses the past perfect subjunctive in both clauses, or substitutes the past conditional in the conclusion.

Wenn ich Geld gehabt hätte,

  hätte ich das Auto gekauft. (past perf. subj.)

  würde ich das Auto gekauft haben.
          (past conditional)

Wenn du hier gewesen wärst,

  hätte ich dich nicht gesucht. (past perf. subj.)

  würde ich dich nicht gesucht haben.
          (past conditional)

The past conditional is seldom used in modern German.

Omission of wenn

If wenn is omitted, the finite verb of the condition stands first. The conclusion is then usually introduced by so or dann.

Hätte ich Geld, dann würde ich das Auto kaufen.

Wärst du hier gewesen, so hätte ich dich nicht gesucht.

1. In the conclusion, substitute the present conditional for the past subjunctive.

> Example: Wenn er jetzt käme, bliebe ich hier.
> Wenn er jetzt käme, <u>würde ich hier bleiben.</u>

1. Wenn du mich gern hättest, besuchtest du mich.

   _____

2. Hätte der Junge Durst, tränke er das Wasser.

   _____

3. Ich kaufte es, wenn ich Geld hätte.

   _____

4. Wäre es uns kalt, gingen wir ins Haus.

   _____

5. Ich gäbe es dir, wenn ich es hätte.

   _____

6. Er lernte mehr, wenn der Lehrer mehr aufgäbe.

   _____

7. Wenn wir Zeit hätten, reisten wir nach Deutschland.

   _____

8. Der Film gefiele ihnen, wenn sie ihn sähen.

   _____

9. Wenn die Kinder still wären, könnte ich schlafen.

   _____

10. Paul käme sofort, wüsste er dass sie hier sind.

   _____

2. In the conclusion, substitute the past conditional for the past subjunctive.

   Example: Wenn er gekommen wäre, wäre ich hier geblieben.
               Wenn er gekommen wäre, <u>würde ich hier geblieben sein.</u>

1. Wenn er länger geschlafen hätte, wäre er zu spät gekommen.

   _____

2. Wenn du das Buch gelesen hättest, hättest du die Antwort gewusst.

   _____

3. Hätten wir die Milch getrunken, wären wir krank geworden.

   _____

4. Hätte ich mehr Zeit gehabt, wäre ich einkaufen gegangen.

   _____

5. Wenn ihr hier geblieben wäret, hättet ihr den Film gesehen.

   _____

6. Wenn wir nach Deutschland geflogen wären, wäre es viel schneller
   gegangen.

   _____

7. Hätte Frau Müller es nicht vergessen, dann hätte sie die Bananen gekauft.

   _____

8. Wenn sie uns besucht hätte, wären wir froh gewesen.

   _____

9. Wenn du mich angerufen hättest, hätte ich gewartet.

   _____

10. Wenn er aufgepasst hätte, dann wäre er nicht ins Wasser gefallen.

   _____

3. Restate the following sentences as unreal conditions, present time, expressing the conclusion in two ways.

        Example: Er arbeitet schwer, er lernt viel.
                                Wenn er schwer arbeitete, lernte er viel; würde er viel lernen.

1. Das Auto ist kaputt, es fährt nicht.

   _____

2. Vater hat Hunger, er isst das Brot.

   _____

3. Es ist kalt, es schneit.

   _____

4. Du schwimmst, du gehst nicht unter.

   _____

5. Wir werden krank, wir sehen nicht gut aus.

   _____

33. Indirect discourse with the subjunctive and the indicative

When quoting indirectly what a person has said, thought, believed, or asked, indirect discourse is taking place.

I. Indirect discourse with the subjunctive

Indirect discourse is composed of a main clause and an object clause. When the verb in the main clause is in a past tense, the subjunctive is used in the object clause. The same tense is usually used in the indirect discourse as would be used in a direct statement.

Main clause	Object clause

Ich sagte,   dass er Geld <u>habe</u> or <u>hätte</u>. --I said that he had money.

Er dachte,   dass wir hier <u>seien</u> or <u>wären</u>. --He thought that we were here.

However, when the subjunctive form is identical with the indicative form, a different tense of the subjunctive or the conditional is used.

1. The present subjunctive is replaced by the past subjunctive.

> Er sagte, dass ich nach Hause <u>ginge</u>.
>
> instead of
>
> Er sagte, dass ich nach Hause <u>gehe</u>.

2. The future subjunctive is replaced by the present conditional.

> Er sagte, dass ich nach Hause <u>gehen würde</u>.
>
> instead of
>
> Er sagte, dass ich nach Hause <u>gehen werde</u>.

3. The present perfect subjunctive is replaced by the past perfect subjunctive.

> Er sagte, dass ich das Auto <u>gekauft hätte</u>.
>
> instead of
>
> Er sagte, dass ich das Auto <u>gekauft habe</u>.

II. Indicative with indirect discourse

If the verb in the introductory clauses (main clause) is in the present tense, the indicative instead of the subjunctive is usually used in the object clause. The indicative is always used after <u>beweisen</u>--to prove, <u>sehen</u>--to see, <u>wissen</u>--to know, and phrases such as <u>es ist klar</u>--it is clear, <u>es ist nicht zu leugnen</u>--it can't be denied.

Ich sehe, dass du kommst. --I see that you are coming.

Du weisst, dass er krank ist. --You know that he is sick.

EXERCISES

1. Restate indirectly, beginning with <u>Er sagte, dass----</u>

        Example: Er kommt gleich nach Hause.

                      Er sagte, <u>dass er gleich nach Hause käme.</u>

    1. Das Wetter ist schön.

    2. Ich komme ins Haus.

    3. Wir geben dem Vater das Geld.

    4. Paul ist in die Stadt gefahren.

    5. Sie werden ins Restaurant gehen.

    6. Vater hat das Haus verkauft.

    7. Er liest das Buch.

    8. Wir ziehen nach München.

    9. Frau Müller erwartet Besuch.

10. Ich werde es bezahlen.

_____

2. (a) Restate indirectly, beginning with Ich weiss, dass--

Example: Er ist in der Stadt.

             Ich weiss, dass er in der Stadt ist.

1. Ich habe Verspätung.

_____

2. Fritz ist nett.

_____

3. Müllers haben viel Geld.

_____

4. Vater trinkt gern Kaffee.

_____

5. Marie liebt Müllers Peter.

_____

(b) Restate indirectly, beginning with Es ist klar, dass--

Example: Er ist begabt.

             Es ist klar, dass er begabt ist.

1. Wir haben recht.

_____

2. Das Brot ist teuer.

_____

3. Müllers können nicht kommen.

_____

4. Ich arbeite zu viel.

_____

5. Herr Braun war krank.

_____

(c) Restate indirectly, beginning with <u>Er sieht, dass</u>--

Example: Ich bin müde.

<u>Er sieht, dass ich müde bin.</u>

1. Paul kann gut Deutsch sprechen.

_____

2. Das Mädchen ist schön.

_____

3. Sie waren hier.

_____

4. Man muss schwer arbeiten.

_____

5. Sie mag ihn nicht.

_____

Final Review

1. Give the proper response to the following commands

   1. Sagen Sie Paul, dass er den Brief schreiben soll!

   _____

   2. Sagen Sie Herrn Braun, dass wir jetzt ins Kino fahren wollen!

   _____

   3. Sagen Sie den Kindern, dass sie nach Hause gehen sollen!

   _____

   4. Sagen Sie Gretel, dass sie keine Angst haben soll!

   _____

   5. Sagen Sie Frau Schmidt, dass sie nicht krank werden soll!

   _____

   6. Sagen Sie Hans und Fritz, dass sie hereinkommen sollen!

   _____

   7. Sagen Sie Hans und Fritz, dass wir Deutsch sprechen wollen!

   _____

   8. Sagen Sie Herrn Müller, dass er an der Tür klingeln soll!

   _____

   9. Sagen Sie Marie, dass sie ins Wasser springen soll!

   _____

   10. Sagen Sie der Familie Schmidt, dass sie den Onkel besuchen soll!

   _____

2. Change the following paragraph to the past tense.

Mutter, meine Schwester, und ich wollen in die Stadt fahren. Das Auto ist kaputt. Der Motor muss repariert werden. Daher fahren wir mit dem Zug in die Stadt. Meine Schwester zieht sich langsam an und kämmt sich das Haar zu lange. Wir kommen fast zu spät am Bahnhof an. Wir laufen schnell zum Zug. Meine Mutter atmet ganz laut. Im Zug finden wir einen guten Platz am Fenster. Es ist ein schöner Tag, die Sonne scheint. In den Gärten blühen die Blumen. Die Bauern arbeiten auf dem Feld. Dort spielen Kinder. In 20 Minuten kommen wir in der Stadt an. Schnell steigen wir aus. Zuerst gehen wir in ein grosses Kaufhaus. Meine Schwester hält die Tür auf und wir treten ein. Meine Mutter will einen Hut kaufen. Sie sieht sich einige Hüte an. Der rote passt ihr gut. Die Verkäuferin packt ihn ein und Mutter bezahlt. Dann suchen wir einen Mantel für mich. Der blaue Mantel, der an der Tür hängt, gefällt mir gut. Ich probiere ihn an, und er steht mir prima. Meine Schwester will auch einen neuen Mantel, sie begreift nicht, dass ihr Mantel noch gut aussieht. Mutter verspricht ihr nächstes Jahr einen neuen Mantel zu kaufen. Die Zeit vergeht so schnell und wir müssen etwas essen. Der Verkäufer empfiehlt uns ein gutes Restaurant. Viele Leute sitzen schon im Restaurant und trinken und essen. Wir haben alle grossen Hunger. Der Kellner kommt und bietet uns die Speisekarte an. Wir entscheiden uns schnell und bestellen das Essen. Beim Essen besprechen wir unsere Einkäufe. Natürlich haben wir wieder viel Geld ausgegeben. Vater verdient aber gut und freut sich, wenn wir nett aussehen. Es ist Zeit heimzufahren. Unterwegs spricht meine Schwester nicht viel, sie denkt wohl an ihren Mantel.

3. Change the following sentences to the passive.

   1. Er isst den Kuchen.

      _____

   2. Der Lehrer liest das Buch.

      _____

   3. Tante Margret besucht uns oft.

      _____

   4. Wir kauften ein Auto.

      _____

   5. Mutter wird Brot backen.

      _____

   6. Mutter pflanzt die Blumen.

      _____

   7. Vater hat das Essen bestellt.

      _____

   8. Der Verkäufer hat den Hut ausgepackt.

      _____

   9. Die Kinder fangen den Ball.

      _____

  10. Paul erkannte den Mann.

      _____

4. Restate the following sentences in English.

   1. Ich wäre gekommen.

      _____

2. Werden wir in die Stadt fahren?

_____

3. Wir wären zu Hause geblieben, wenn er telefoniert hätte.

_____

4. Sie fragte, ob ich Geld hätte.

_____

5. Ich weiss bestimmt, dass du lügst.

_____

6. Er wird in die Schule gegangen sein.

_____

7. Wenn ich Zeit hätte, würde ich das Buch lesen.

_____

8. Sie tut, als ob sie nichts zu tun hätte.

_____

9. Dein Wille geschehe!

_____

10. Wenn er Geld gehabt hätte, würde er nach Deutschland geflogen sein.

_____

INDEX OF VERBS

German--English

The number after each verb indicates the section in which the present tense conjugation of that verb or a similar verb will be found.

Infinitive	Stem vowel change present tense	Past	Past participle	Meaning
abholen, 5		holte ab	abgeholt	to fetch
abnehmen, 5	nimmt ab	nahm ab	abgenommen	to take off
amüsieren, 2		amüsierte	amüsiert	to amuse
anbieten, 2		bot an	angeboten	to offer
ändern, 2		änderte	geändert	to change
anfangen, 5	fängt an	fing an	angefangen	to start
ankommen, 5		kam an	ist angekommen	to arrive
anrufen, 5		rief an	angerufen	to call up
ansehen, 5	sieht an	sah an	angesehen	to look at
antworten, 2		antwortete	geantwortet	to answer
anziehen, 5		zog an	angezogen	to put on
arbeiten, 2		arbeitete	gearbeitet	to work
ärgern, 2		ärgerte	geärgert	to anger
atmen, 2, 5		atmete	geatmet	to breathe
aufhören, 5		hörte auf	aufgehört	to stop
aufpassen, 5		passte auf	aufgepasst	to pay attention
aufstehen, 5		stand auf	ist aufgestanden	to stand up
ausgehen, 5		ging aus	ist ausgegangen	to go out
auspacken, 5		packte aus	ausgepackt	to unpack
ausruhen, 5		ruhte aus	ausgeruht	to rest
aussteigen, 5		stieg aus	ist ausgestiegen	to climb out
ausziehen, 5		zog aus	ausgezogen	take off

Infinitive	Stem vowel change present tense	Past	Past participle	Meaning
backen, 4	bäckt	backte	gebacken	to bake
baden, 2		badete	gebadet	to bathe
bauen, 2		baute	gebaut	to build
bedanken, 2		bedankte	bedankt	to thank
beeilen, 2		beeilte	beeilt	to hurry
befehlen, 4	befiehlt	befohl	befohlen	to command
begegnen, 2		begegnete	begegnet	to meet
beginnen, 2		begann	begonnen	to begin
begreifen, 2		begriff	begriffen	to understand
behalten, 4	behält	behielt	behalten	to keep
beissen, 2		biss	gebissen	to bite
bekommen, 2		bekam	bekommen	to receive
benehmen, 4	benimmt	benahm	benommen	to behave
beschreiben, 2		beschrieb	beschrieben	to describe
besitzen, 2		besass	besessen	to own
besprechen, 4	bespricht	besprach	besprochen	to discuss
bestellen, 2		bestellte	bestellt	to order
besuchen, 2		besuchte	besucht	to visit
beten, 2		betete	gebetet	to pray
bezahlen, 2		bezahlte	bezahlt	to pay
bewegen, 2		bewegte	bewegt	to move
beweisen, 2		beweiste	beweist	to prove
binden, 2		band	gebunden	to tie
bitten, 2		bat	gebeten	to ask, pray
blasen, 4	bläst	blies	geblasen	to blow
bleiben, 2		blieb	ist geblieben	to stay
blitzen, 2		blitzte	geblitzt	to lighten

Infinitive	Stem vowel change present tense	Past	Past participle	Meaning
blühen, 2		blühte	geblüht	to bloom
brauchen, 2		brauchte	gebraucht	to need
brechen, 4	bricht	brach	gebrochen	to break
brennen, 2		brannte	gebrannt	to burn
bringen, 2		brachte	gebracht	to bring
bücken, 2		bückte	gebückt	to bend down
danken, 2		dankte	gedankt	to thank
decken, 2		deckte	gedeckt	to cover
denken, 2		dachte	gedacht	to think
dienen, 2		diente	gedient	to serve
dividieren, 2		dividierte	dividiert	to divide
donnern, 2		donnerte	gedonnert	to thunder
drehen, 2		drehte	gedreht	to turn
dürfen, 6	darf	durfte	gedurft	to be allowed
einbilden, 5		bildete ein	eingebildet	to imagine
einkaufen, 5		kaufte ein	eingekauft	to shop
einladen, 5		lud ein	eingeladen	to invite
einpacken, 5		packte ein	eingepackt	to pack
einschlafen, 5	schläft ein	schlief ein	ist eingeschlafen	to fall asleep
einstecken, 5		steckte ein	eingesteckt	to put in
eintreten, 5	tritt ein	trat ein	ist eingetreten	to enter
empfanger, 4	empfängt	empfing	empfangen	to receive
empfehlen, 4	empfiehlt	empfahl	empfohlen	to recommend
empfinden, 2		empfand	empfunden	to feel

Infinitive	Stem vowel change present tense	Past	Past participle	Meaning
entlassen, 4	entlässt	entliess	entlassen	to dismiss
entscheiden, 2		entschied	entschieden	to decide
entschuldigen, 2		entschuldigte	entschuldigt	to excuse
erfahren, 4	erfährt	erfuhr	erfahren	come to know
erfinden, 2		erfand	erfunden	to discover
erhalten, 4	erhält	erhielt	erhalten	to receive
erinnern, 2		erinnerte	erinnert	to remember
erkennen, 2		erkannte	erkannt	to recognize
erkälten, 2		erkältete	erkältet	to catch cold
erklären, 2		erklärte	erklärt	to explain
erscheinen, 2		erschien	ist erschienen	to appear
ertrinken, 2		ertrank	ist ertrunken	to drown
erwarten, 2		erwartete	erwartet	to expect
erzählen, 2		erzählte	erzählt	to tell
erziehen, 2		erzog	erzogen	to raise
essen, 4	isst	ass	gegessen	to eat
fahren, 4	fährt	fuhr	ist gefahren	to go (vehicle)
fallen, 4	fällt	fiel	ist gefallen	to fall
fangen, 4	fängt	fing	gefangen	to catch
fehlen, 2		fehlte	gefehlt	to be missing
feiern, 2		feierte	gefeiert	to celebrate
festhalten, 5	hält fest	hielt fest	festgehalten	to hold on
finden, 2		fand	gefunden	to find
fliegen, 2		flog	ist geflogen	to fly
folgen, 2		folgte	ist gefolgt	to follow

Infinitive	Stem vowel change present tense	Past	Past Participle	Meaning
fortgehen, 5		ging fort	ist fortgegangen	to go away
fortsetzen, 5		setzte fort	fortgesetzt	to continue
fragen, 2		fragte	gefragt	to ask
fressen, 4	frisst	frass	gefressen	to eat (animals)
freuen, 2		freute	gefreut	to be glad
frieren, 2		fror	gefroren	to freeze
fühlen, 2		fühlte	gefühlt	to feel
führen, 2		führte	geführt	to lead
geben, 4	gibt	gab	gegeben	to give
gehen, 2		ging	ist gegangen	to go
gehorchen, 2		gehorchte	gehorcht	to obey
gelingen, 2		gelang	ist gelungen	to succeed
geschehen, 4	geschieht	geschah	ist geschehen	to happen
gewinnen, 2		gewann	gewonnen	to win
gewöhnen, 2		gewöhnte	gewöhnt	to get used to
glauben, 2		glaubte	geglaubt	to believe
greifen, 2		griff	gegriffen	to reach
grüssen, 2		grüsste	gegrüsst	to greet
haben, 3	hat	hatte	gehabt	to have
halten, 4	hält	hielt	gehalten	to hold
hämmern, 2		hämmerte	gehämmert	to hammer
hängen, 2		hing	gehangen	to hang
heben, 2		hob	gehoben	to lift
heimgehen, 5		ging heim	ist heimgegangen	to go home
heissen, 2		hiess	geheissen	to be called

Infinitive	Stem vowel change present tense	Past	Past participle	Meaning
helfen, 4	hilft	half	geholfen	to help
herausbringen, 5		brachte heraus	herausgebracht	to bring out
herausreissen, 5		riss heraus	herausgerissen	to pull out
hereinkommen, 5		kam herein	ist hereingekommen	to come in
hereinlassen, 5	lässt herein	liess herein	hereingelassen	to let in
herstellen, 5		stellte her	hergestellt	to produce
hinausgehen, 5		ging hinaus	ist hinausgegangen	to go out
hinbringen, 5		brachte hin	hingebracht	to bring away
hineinfallen, 5	fällt hinein	fiel hinein	ist hineingefallen	to fall in
hoffen, 2		hoffte	gehofft	to hope
holen, 2		holte	geholt	to fetch
hören, 2		hörte	gehört	to hear
interessieren, 2		interessierte	interessiert	to interest
kämmen, 2		kämmte	gekämmt	to comb
kaufen, 2		kaufte	gekauft	to buy
kennen, 2		kannte	gekannt	to know
klingeln, 2		klingelte	geklingelt	to ring
klopfen, 2		klopfte	geklopft	to knock
kochen, 2		kochte	gekocht	to cook
kommen, 2		kam	ist gekommen	to come
können, 6	kann	konnte	gekonnt	to be able to
korrigieren, 2		korriegierte	korrigiert	to correct
kosten, 2		kostete	gekostet	to cost
kriechen, 2		kroch	gekrochen (sein)	to crawl

Infinitive	Stem vowel change present tense	Past	Past participle	Meaning
lächeln, 2		lächelte	gelächelt	to smile
lachen, 2		lachte	gelacht	to laugh
lassen, 4	lässt	liess	gelassen	to leave, let
laufen, 4	läuft	lief	ist gelaufen	to run
leben, 2		lebte	gelebt	to live
legen, 2		legte	gelegt	to put
lehren, 2		lehrte	gelehrt	to teach
leihen, 2		lieh	geliehen	to lend
sich leisten, 2		leistete	geleistet	to afford
lernen, 2		lernte	gelernt	to learn
lesen, 4	liest	las	gelesen	to read
lieben, 2		liebte	geliebt	to love
liegen, 2		lag	gelegen	to lie
loben, 2		lobte	gelobt	to praise
lügen, 2		log	gelogen	to (tell a) lie
machen, 2		machte	gemacht	to make
marschieren, 2		marschierte	marschiert	to march
messen, 4	misst	mass	gemessen	to measure
mitbringen, 5		brachte mit	mitgebracht	to bring along
mögen, 6	mag	mochte	gemocht	to like
musizieren, 2		musizierte	musiziert	to make music
nachdenken, 5		dachte nach	nachgedacht	to reflect
nachfragen, 5		fragte nach	nachgefragt	to inquire
nachlaufen, 5	läuft nach	lief nach	ist nachgelaufen	to run after
nehmen, 4	nimmt	nahm	genommen	to take

Infinitive	Stem vowel change present tense	Past	Past participle	Meaning
nennen, 2		nannte	genannt	to name
niederbrennen, 5		brannte nieder	ist niedergebrannt	to burn down
öffnen, 2, 5		öffnete	geöffnet	to open
operieren, 2		operierte	operiert	to operate
pfeifen, 2		pfiff	gepfiffen	to whistle
pflanzen, 2		pflanzte	gepflanzt	to plant
photographieren, 2		photographierte	photographiert	to photograph
probieren, 2		probiert	probierte	to try
prüfen, 2		prüfte	geprüft	to test
raten, 2	rät	ratete	geratet	to advise
rauchen, 2		rauchte	geraucht	to smoke
reden, 2		redete	geredet	to speak
regieren, 2		regierte	regiert	to rule
registrieren, 2		registrierte	registriert	to register
regnen, 2		regnete	geregnet	to rain
reisen, 2		reiste	ist gereist	to travel
reiten, 2		ritt	ist geritten	to ride (horseback)
rennen, 2		rannte	ist gerannt	to run
reparieren, 2		reparierte	repariert	to repair
riechen, 2		roch	gerochen	to smell
rufen, 2		rief	gerufen	to call

Infinitive	Stem vowel change present tense	Past	Past participle	Meaning
säen, 2		säte	gesät	to sow
sagen, 2		sagte	gesagt	to say
saufen, 4	säuft	saufte	gesauft	to drink (animal
schaden, 2		schadete	geschadet	to harm
schämen, 2		schämte	geschämt	to be ashamed
schauen, 2		schaute	geschaut	to look
scheinen, 2		schien	geschienen	to shine, seem
schicken, 2		schickte	geschickt	to send
schieben, 2		schob	geschoben	to push
schiessen, 2		schoss	geschossen	to shoot
schlafen, 4	schläft	schlief	geschlafen	to sleep
schlagen, 4	schlägt	schlug	geschlagen	to hit
schliessen, 2		schloss	geschlossen	to close
schmeicheln, 2		schmeichelte	geschmeichelt	to flatter
schmecken, 2		schmeckte	geschmeckt	to taste
schneien, 2		schneite	geschneit	to snow
schreiben, 2		schrieb	geschrieben	to write
schreien, 2		schrie	geschrie(e)n	to yell
schweigen, 2		schwieg	geschwiegen	to be silent
schwimmen, 2		schwamm	ist geschwommen	to swim
schütteln, 2		schüttelte	geschüttelt	to shake
sehen, 4	sieht	sah	gesehen	to see
sein, 3	ist	war	ist gewesen	to be
senden, 2		sandte	gesandt	to send
servieren, 2		servierte	serviert	to serve
singen, 2		sang	gesungen	to sing
sinken, 2		sank	ist gesunken	to sink

Infinitive	Stem vowel change present tense	Past	Past participle	Meaning
sitzen, 2		sass	gesessen	to sit
sollen, 6	soll	sollte	gesollt	supposed to
sprechen, 4	spricht	sprach	gesprochen	to speak
spielen, 2		spielte	gespielt	to play
springen, 2		sprang	ist gesprungen	to jump
stechen, 4	sticht	stach	gestochen	to poke
stehen, 2		stand	gestanden	to stand
stehlen, 4	stiehlt	stahl	gestohlen	to steal
steigen, 2		stieg	ist gestiegen	to climb
sterben, 4	stirbt	starb	ist gestorben	to die
steuern, 2		steuerte	gesteuert	to steer
streiten, 2		stritt	gestritten	to quarrel
suchen, 2		suchte	gesucht	to search
tanzen, 2		tanzte	getanzt	to dance
telefonieren, 2		telefonierte	telefoniert	to telephone
tragen, 4	trägt	trug	getragen	to carry, wear
treffen, 4	trifft	traf	getroffen	to meet
treten, 4	tritt	trat	ist getreten	to step
trinken, 2		trank	getrunken	to drink
tun, 4	tut	tat	getan	to do
umpflanzen, 5		pflanzte um	umgepflanzt	to transplant
umsehen, 5	sieht um	sah um	umgesehen	to look around
umziehen, 5		zog um	ist umgezogen	to move
untergehen, 5		ging unter	ist untergegangen	to go down

Infinitive	Stem vowel change present tense	Past	Past participle	Meaning
verbergen, 4	verbirgt	verbarg	verborgen	to hide
verbessern, 2		verbesserte	verbessert	to improve
verbieten, 2		verbot	verboten	to forbid
vergessen, 4	vergisst	vergass	vergessen	to forget
vergleichen, 2		verglich	verglichen	to compare
verkaufen, 2		verkaufte	verkauft	to sell
verlangen, 2		verlangte	verlangt	to demand
verlassen, 4	verlässt	verliess	verlassen	to abandon
verlieren, 2		verlor	verloren	to lose
versprechen, 2	verspricht	versprach	versprochen	to promise
verstecken, 2		versteckte	versteckt	to hide
verstehen, 2		verstand	verstanden	to understand
vorbereiten, 5		bereitete vor	vorbereitet	to prepare
vorhaben, 5		hatte vor	vorgehabt	to plan to do
vorstellen, 5		stellte vor	vorgestellt	to introduce
wachsen, 4	wächst	wuchs	ist gewachsen	to grow
warten, 2		wartete	gewartet	to wait
waschen, 4	wäscht	wusch	ist gewaschen	to wash
wegführen, 5		führte weg	weggeführt	to lead away
weinen, 2		weinte	geweint	to cry
wenden, 2		wandte	gewandt	to turn
werden, 3	wird	wurde	ist geworden	to become
werfen, 4	wirft	warf	geworfen	to throw
wiederholen, 2		wiederholte	wiederholt	to repeat
wispern, 2		wisperte	gewispert	to whisper

Infinitive	Stem vowel change present tense	Past	Past participle	Meaning
wissen, 12	weiss	wusste	gewusst	to know
wohnen, 2		wohnte	gewohnt	to reside
wollen, 6	will	wollte	gewollt	to want
wünschen, 2		wünschte	gewünscht	to wish
zahlen, 2		zahlte	gezahlt	to pay
zählen, 2		zählte	gezählt	to count
zeigen, 2		zeigte	gezeigt	to show
zerreissen, 2		zerriss	zerrissen	to tear apart
ziehen, 2		zog	gezogen	to pull
zumachen, 5		machte zu	zugemacht	to close
zurückgehen, 5		ging zurück	ist zurückgegangen	to go back
zusammenbringen, 5		brachte zus.	zusammengebracht	to bring together

INDEX OF VERBS

English---German

The hyphen in some of the verbs signifies a separable prefix.

to advise = raten

to afford = sich leisten

to be allowed to = dürfen

to amuse = amüsieren

to anger = ärgern

to answer = antworten

to appear = erscheinen

to arrive = an-kommen

to be ashamed = sich schämen

to ask = bitten, fragen

to bake= backen

to bathe = baden

to be = sein

to become = werden

to begin = beginnen

to behave = sich benehmen

to believe = glauben

to bend down = sich bücken

to bite = beissen

to bloom = blühen

to blow = blasen

to break = brechen

to breathe = atmen

to bring = bringen

to bring along = mit-bringen

to bring away = hin-bringen

to bring out = heraus-bringen

to bring together = zusammen-bringen

to build = bauen

to burn = brennen

to burn down = nieder-brennen

to buy = kaufen

to be called = heissen

to call = rufen

to call on the phone = an-rufen

can = können

to carry, wear = tragen

to catch = fangen

to catch cold = erkälten

to celebrate = feiern

to change = ändern

to climb = steigen

to climb out = aus-steigen

to close = schliessen, zu-machen

to comb = kämmen

to come = kommen

to come in = herein-kommen	to expect = erwarten
to command = befehlen	to explain = erklären
to compare = vergleichen	
to continue = fort - setzen	to fall = fallen
to cook = kochen	to fall asleep = ein-schlafen
to correct = korrigieren, verbessern	to feel = empfinden
to cost = kosten	to fetch = holen, ab-holen
to count = zahlen	to find = finden
to cover = decken	to find out = erfahren
to crawl = kriechen	to flatter = schmeicheln
to cry = weinen	to fly = fliegen
	to follow = folgen
to dance = tanzen	to forbid = verbieten
to decide = entscheiden	to forget = vergessen
to demand = verlangen	to freeze = frieren
to describe = beschreiben	
to die = sterben	to get used to = gewöhnen
to discover = erkinden	to give = geben
to discuss = besprechen	to be glad = sich freuen
to dismiss = besprechen	to go = gehen
to divide = dividieren	to go away = fort-gehen
to drink = trinken; saufen (animals)	to go back = zurück-gehen
to drown = ertrinken	to go by vehicle = fahren
to do = tun	to go down = unter-gehen
	to go home = heim-gehen
to eat = essen, fressen (animals)	to go out = hinaus-gehen
to enter = ein-treten	to greet = grüssen
to excuse = entschuldigen	to grow = wachsen

to hammer = hämmern

to hang = hängen

to happen = geschehen

to harm = schaden

to have = haben

to hear = hören

to hide = verstecken, verbergen

to hit = schlagen

to hold = halten

to hold on = fest-halten

to hope = hoffen

to hurry = beeilen

to imagine = ein-bilden

to inquire = nach-fragen

to interest = interessieren

introduce = vor-stellen

to invite = ein-laden

to jump = springen

to keep = behalten

to knock = klopfen

to know = kennen, wissen

to laugh = lachen

to lead = fuhren

to lead away = weg-führen

to learn = lernen

to leave = lassen, verlassen

to lend = leihen

to let in = herein-lassen

to lie = liegen

to (tell a) lie = lügen

to lift = heben

to lighten = blitzen

to like = mögen

to listen = zu-hören

to live = leben

to look = schauen

to look around = um-sehen

to look at = an-sehen, an-schauen

to loose = verlieren

to love = lieben

to make = machen

to make music = musizieren

to march = marschieren

to measure = messen

to meet = begegnen, treffen

to be missing = fehlen

to move = bewegen; um-ziehen

to name = nennen

to need = brauchen

to obey = gehorchen

to offer = an-bieten

to open = öffnen

to operate = operieren

to order = bestellen

to own = besitzen

to pack = packen

to pay = bezahlen, zahlen

to pay attention = auf-passen

to photograph = photographieren

to plan to do = vor-haben

to plant = pflanzen

to play = spielen

to poke - stechen

to praise = loben

to pray = beten

to prepare = vor-bereiten

to produce = her-stellen

to promise = versprechen

to prove = beweisen

to pull = ziehen

to push = schieben

to put = legen

to put in = ein-stecken

to put on = an-ziehen

to quarrel = steiten

to rain = regnen

to raise = erziehen

to reach = greifen

to read = lesen

to receive = bekommen, erhalten, empfangen

to recognize = erkennen

to recommend = empfehlen

to reflect = nach-denken

to register = registrieren

to remember = erinnern

to repair = reparieren

to repeat = wieder-holen

to reside = wohnen

to rest = aus-ruhen, ruhen

to ride (horseback) = reiten

to ring = klingeln

to rule = regieren

to run = laufen, rennen

to run after = nach-laufen

to say = sagen

to search = suchen

to see = sehen

to sell = verkaufen

to send = senden, schicken

to shake = schütteln

to shine = scheinen

to shoot = schiessen

to shop = ein-kaufen

to show = zeigen

to be silent = schweigen

to sing = singen

to sink = sinken

to sleep = schlafen

to smell = riechen

to smile = lächeln

to smoke = rauchen

to snow = schneien

to sow = säen

to speak = sprechen, reden

to stand = stehen

to stand up = auf-stehen

to start = an-fangen

to stay = bleiben

to steal = stehlen

to steer = steuern

to step = treten

to stop = auf-hören

to be supposed to = sollen

to swim = schwimmen

to take = nehmen

to take off = ab-nehmen, aus-ziehen

to taste = schmecken

to teach = lehren

to tear apart = zerreissen

to telephone = telefonieren, an-rufen

to tell = erzählen

to test = prüfen

to thank - danken, bedanken

to think = denken

to throw = werfen

to thunder = donnern

to tie = binden

to travel = reisen

to try = probieren

to turn = drehen, wenden

to understand = verstehen, begreifen

to unpack = aus-packen

to visit = besuchen

to wait = warten

to want = wollen

to wash = waschen

to whisper = wispern

to whistle = pfeifen

to win = gewinnen

to wish = wünschen

to work = arbeiten

to write = schreiben

to yell = schreien

Answer Key

Page 5, Exercise 1

Ich höre, du hörst, Sie hören, er hört, wir hören, ihr hört, Marie hört, die Kinder hören. Ich bade, du badest, Herr Braun badet, sie badet, ihr badet, Hans und Peter baden. Ich sitze, du sitzt, sie sitzt, wir sitzen, ihr sitzt, Sie sitzen.

Page 5, Exercise 2

Ich baue, du baust, wir bauen, ihr baut. Sie fragen, er fragt, ihr fragt. Du machst, Sie machen, Luise macht. Wir reisen, ihr reist, du reist. Ich klingle, Paul klingelt, Paul und Hans klingeln. Du wartest, wir warten, ihr wartet. Es kostet.

Page 6, Exercise 3

1. Er antwortet 2. Wir brauchen 3. Klingle ich? 4. Sie arbeitet 5. Sie lachen 6. Herr Braun, Sie rauchen 7. Tanzt ihr? 8. Er beginnt 9. Du sitzt 10. Karl und Hans spielen 11. Du kommst 12. Fehlt Herr Schmidt? 13. Du pflanzt 14. Sie lernen 15. Sucht sie? 16. Karl feiert 17. Es hängt 18. Du arbeitest, Paul 19. Frau Braun versucht 20. Du steuerst.

Page 7, Exercise

1. Ich werde 2. Er hat 3. Ich bin 4. Wir haben 5. Luise wird 6. Er ist 7. Ihr seid 8. Ich habe 9. Werden Paul und Luise 10. Der Kaffee wird.

Page 10, Exercise 1

1. ich esse, du isst, er isst, ihr esst. 2. wir sehen, du siehst, Luise sieht, Sie sehen. 3. du schläfst, Paul schläft, ihr schlaft, sie schlafen. 4. ich nehme, wir nehmen, du nimmst, er nimmt, Herr B. & Herr S. nehmen.

Page 10, Exercise 2

er wirft, Luise vergisst, wir vergessen, der Baum wächst, ich wasche, du siehst, er läuft, es geschieht, er fährt, Herr Braun hilft, ich spreche, du sprichst, ihr tragt, du lässt, Paul empfängt, Sie empfangen, ich nehme, ihr nehmt, du nimmst, Marie stiehlt.

Page 14, Exercise 1

ich stehe auf, Hans steht auf. du kaufst ein, wir kaufen ein. Sie rufen an, ihr ruft an. Paul und Walter ziehen um, Luise zieht um. ich denke nach, er denkt nach.

Page 14, Exercise 2

1. Paul holt Luise ab. *or* Luise holt Paul ab. 2. Marie tritt ins Zimmer ein. 3. Das Auto eilt dem Haus entgegen. 4. Wir haben nichts vor. 5. Nimmst du das Brot mit? 6. Ich mache die Tür zu. 7. Du lässt den Hund herein. 8. Paul und Hans kommen heute an. 9. Sie geben das Buch zurück. 10. Ihr passt immer auf.

Page 15, Exercise 3

1. Ich rufe Paul an. 2. Wir kaufen morgen ein. 3. Sie fahren zurück. 4. Das Haus brennt nieder. 5. Herr Braun sieht das Buch an. 6. Herr Braun, Sie hören nicht zu. 7. Das Boot geht unter. 8. Paul, läufst du dem Auto nach? 9. Paul fällt ins Boot hinein. 10. Wir stellen Paul vor.

Page 17, Review Exercise 1

1. er hat 2. du hast 3. Marie schlägt 4. ich bin 5. Herr Braun, Sie sind 6. Herr Braun ist 7. du triffst 8. ihr nehmt 9. Paul und Luise werfen 10. er fällt 11. wir wohnen 12. ihr antwortet 13. du liest 14. Marie kauft 15. ich höre auf 16. er läuft 17. ihr wispert 18. er tritt 19. es fängt an 20. Marie gibt 21. die Kinder passen auf 22. der Vater befiehlt 23. ihr erwartet 24. wir feiern 25. es geschieht 26. das Mädchen lächelt 27. ihr redet 28. er lässt 29. ihr betet 30. du heisst 31. wir gehen unter 32. er trägt 33. ich gehe heim.

Page 18, Review Exercise 2

1. Ich laufe. 2. Wir sind. 3. Kommt er? 4. Was sagt sie? 5. Wie heisst er? 6. Wir verkaufen. 7. Er stellt Paul vor. 8. Es hält. 9. Das Mädchen wäscht. 10. Paul und Hans, ihr tragt. 11. Der Mann wirft es hinaus. 12. Wir bringen es zusammen. 13. Sie klopfen. 14. Herr Braun, was empfehlen Sie? 15. Ich versuche. 16. Marie liest. 17. Sie kommen jetzt an. 18. Wir hoffen. 19. Er hört auf. 20. Ich bin. 21. Er badet. 22. Ich mache die Tür zu. 23. Wir stehen auf. 24. Paul, du siehst. 25. Ihr schüttelt.

Page 22, Exercise 1

1. ich muss, er muss, wir müssen, ihr müsst. 2. du sollst, Luise soll, Sie sollen, wir sollen. 3. ich darf, du darfst, Paul und Luise dürfen, Herr Braun darf. 4. du kannst, wir können, ihr könnt. 5. ich will, er will, wir wollen. 6. ich mag, ihr mögt.

Page 22, Exercise 2

1. Er muss ins Hause gehen. 2. Sie will ein Buch kaufen. 3. Wir sollen still sein. 4. Ich will mit dem Auto fahren. 5. Ihr könnt Deutsch sprechen. 6. Herr Braun, Sie können ein Buch haben. 7. Er möchte das Buch lesen. 8. Du darfst jetzt nach Hause gehen. 9. Hans und Luise dürfen ins Wasser laufen. 10. Frau Schmidt soll im Garten arbeiten.

Page 23, Exercise 3

1. Ich muss gehen. 2. Sie dürfen im Garten spielen. 3. Er kann Englisch sprechen. 4. Du darfst das Buch nicht vergessen, Paul. 5. Dürfen sie gehen? 6. Wir wollen zur Schule gehen. 7. Du sollst nicht stehlen, Marie. 8. Ich mag das Buch. 9. Das Kind kann schreiben. 10. Er möchte das Buch haben.

Page 25, Exercise 1

1. Gehen sie! Geh(e)! Geht! Gehen wir! 2. Helfen Sie! Hilf! Helft! Helfen wir! 3. Essen Sie! Iss! Esst! Essen wir! 4. Laufen Sie! Lauf(e)! Lauft! Laufen wir! 5. Nehmen Sie! Nimm! Nehmt! Nehmen wir! 6. Singen Sie! Sing(e)! Singt! Singen wir! 7. Schreien Sie! Schreie! Schreit! Schreien wir! 8. Werden Sie! Werde! Werdet! Werden wir! 9. Sehen Sie! Sieh! Seht! Sehen wir! 10. Seien Sie! Sei! Seid! Seien wir! 11. Haben Sie! Hab(e)! Habt! Haben wir!

Page 25, Exercise 2

1. Pass gut auf! Passt gut auf! Passen wir gut auf! 2. Hab(e) keine Angst! Habt keine Angst! Haben wir keine Angst! 3. Fahr(e) bitte schnell! Fahrt bitte schnell! Fahren wir bitte schnell! 4. Gib es! Gebt es! Geben wir es! 5. Vergiss es nicht! Vergesst es nicht! Vergessen wir es nicht! 6. Sei vorsichtig! Seid vorsichtig! Seien wir vorsichtig! 7. Triff Hans morgen! Trefft Hans morgen! Treffen wir Hans morgen! 8. Sprich laut! Sprecht laut! Sprechen wir laut! 9. Warte, bitte! Wartet, bitte! Warten wir, bitte! 10. Werde nicht nervös! Werdet nicht nervös! Werden wir nicht nervös!

Page 26, Exercise 3

1. Iss das Brot! 2. Antworten Sie! 3. Essen wir das Brot! 4. Antwortet! 5. Sei still! 6. Gehen wir! 7. Sagt nichts! 8. Packen Sie das Geschenk aus! 9. Hol(e) das Auto ab! 10. Rufen Sie laut!

Page 28, Exercise 1

1. Er wird nach Hause gehen. 2. Er wird krank werden. 3. Ich werde das dürfen. 4. Herr Braun wird später kommen. 5. Wir werden im See schwimmen. 6. Sie werden Hunger haben. 7. Wirst du die Zeitung lesen? 8. Wir werden hier sein. 9. Werdet ihr den Vater abholen? 10. Sie werden morgen in die Stadt fahren.

Page 29, Exercise 2

1. Du wirst warten. 2. Herr Braun wird ein Haus kaufen. 3. Kommen Sie morgen? 4. Die Klasse wird in fünf Minuten anfangen. 5. Wir werden nicht gehen. 6. Sie werden mit dem Bus fahren. 7. Paul und Hans werden das Buch holen. 8. Du wirst nervös werden. 9. Ich werde schnell kommen. 10. Marie wird lange schlafen.

Page 31, Exercise 1

1. Er hat viel gemacht. 2. Die Kinder haben nicht gelernt. 3. Das Mädchen hat laut gelacht. 4. Ich

habe nichts gehört. 5. Paul und Fritz haben hier gewohnt. 6. Der Mann hat viel gekauft. 7. Die Mädchen haben lange getanzt. 8. Du hast laut geantwortet. 9. Habt ihr laut geweint? 10. Wir haben laut geklopft.

Page 32, Exercise 2

1. Er hat ein Haus gebaut. 2. Sie hat laut geatmet. 3. Die Jungen haben den Ball gesucht. 4. Wir haben nicht viel gewünscht. 5. Ich habe das Buch gezeigt. 6. Hast du jetzt gebadet? 7. Was hat Herr Braun gesagt? 8. Er hat lange gelebt. 9. Haben sie gefehlt? 10. Es hat nicht viel gekostet. 11. Habt ihr das gebraucht? 12. Wo haben Sie gearbeitet, Herr Schmidt? 13. Hast du das geglaubt? 14. Wir haben an der Tür gewartet. 15. Die Mutter hat das Kind geliebt.

Page 36, Exercise 1

1. ist 2. sind 3. hat 4. bin 5. Seid 6. ist 7. ist 8. haben 9. ist 10. sind 11. sind 12. bist 13. haben 14. bin 15. hast.

Page 36, Exercise 2

1. ist gefallen 2. ist gewesen 3. hat gelesen 4. hat gefangen 5. hat gesungen 6. hat gegessen 7. ist gewachsen 8. hat gesehen 9. ist gestorben 10. hat gesprochen 11. hat getrunken 12. hat gesessen 13. ist geschwommen 14. ist gestiegen 15. hat getroffen 16. hat gegeben 17. ist geworden 18. hat geworfen 19. hat gebrochen 20. ist gefahren 21. hat geholfen 22. hat genommen 23. ist gesprungen 24. ist geblieben 25. ist gegangen.

Page 37, Exercise 3

1. gebissen 2. geflogen 3. gesehen 4. gegeben 5. geholfen 6. geritten 7. gefallen 8. gefunden 9. gesprochen 10. gewaschen 11. geworfen 12. gefangen 13. gehalten 14. geschlossen 15. getroffen.

Page 38, Exercise 4

1. Du bist immer gut gewesen. 2. Ich bin ins Theater gegangen. 3. Die Familie ist nach Berlin gezogen. 4. Sie sind lange hier gewesen. 5. Wir sind in der Stadt geblieben. 6. Der Hund hat gebissen. 7. Er ist sofort gekommen. 8. Die Rose hat gut gerochen. 9. Er hat hier gesessen. 10. Wer ist dort geschwommen? 11. Hast du dem Bruder geholfen? 12. Das Kind ist müde geworden. 13. Wir haben das Kind gehalten. 14. Ich bin nach Hause gefahren. 15. Sie sind schnell gelaufen. 16. Er hat Deutsch gesprochen. 17. Habt ihr die Mutter gerufen? 18. Hast du Wasser getrunken? 19. Sie sind ins Wasser gesprungen. 20. Er hat sie dort getroffen. 21. Hast du das Buch getragen? 22. Wir haben das Buch gelesen. 23. Ich habe vor der Tür gestanden. 24. Die Kinder haben wieder gestritten. 25. Wir haben das Haus gefunden. 26. Der Junge hat laut gepfiffen. 27. Wir haben nicht gern geschwiegen. 28. Der Vater hat auf der Couch gelegen. 29. Ihr habt lange geschlafen. 30. Wir haben die Blumen gebunden. 31. Es hat gefroren. 32. Die Kinder haben laut geschrien. 33. Ich habe viel gelernt.

Page 40, Exercise

1. Ich habe das Buch gebracht. 2. Das Haus hat gebrannt. 3. Wir haben oft daran gedacht. 4. Habt ihr das Paket gesandt? 5. Du bist schnell gerannt. 6. Er hat nichts gewusst. 7. Was habt ihr das Kind genannt? 8. Sie haben sich an uns gewandt. 9. Hast du das Mädchen gekannt? 10. Wir haben gewusst wer das ist.

Page 41, Exercise 1

1. angerufen 2. aufgestanden 3. nachgelaufen 4. hinausgeworfen 5. zugemacht 6. umgezogen 7. untergegangen 8. abgeholt 9. hineingefallen 10. herausgerissen.

Page 41, Exercise 2

1. Ich habe das Buch mitgebracht. 2. Wann bist du heimgekommen? 3. Wir sind am Sonntag zurückgekehrt. 4. Die Klasse hat gut zugehört. 5. Die Schule ist niedergebrannt. 6. Die Familie ist am Samstag zusammengekommen. 7. Was habt ihr vorgehabt? 8. Wir haben das Heft mitgenommen. 9. Wen hast du hereingelassen? 10. Was hast du eingekauft? 11. Die Kinder haben nicht aufgepasst. 12. Ich bin immer um sieben Uhr aufgestanden. 13. Herr Braun hat nie nachgedacht. 14. Paul und Luise sind in den Wald hineingeritten. 15. Paul hat Luise vorgestellt.

Page 46, Exercise

1. Er hat das Buch verloren. 2. Ich habe das nicht versprochen. 3. Wer hat hier regiert? 4. Wir haben nichts empfunden. 5. Habt ihr das Haus photographiert? 6. Die Mutter hat uns heute besucht. 7. Du hast 5 Mark gewonnen! 8. Ich habe das Brot vergessen. 9. Die Jungen sind ums Haus marschiert. 10. Die Klasse hat um 10 Uhr begonnen. 11. Wir haben das Haus verkauft. 12. Ich habe das Geschenk versteckt. 13. Du hast das Haus um 10 Uhr verlassen. 14. Der Lehrer hat die Hausarbeit verbessert. 15. Sie haben das Auto repariert.

Page 48, Exercise 1

1. Did you know German? 2. I was allowed to buy the book. 3. She didn't want the bread. 4. We had to go home. 5. I liked the couch. 6. We had to learn a lot. 7. You were allowed to eat the apple. 8. Paul wanted to call up Fritz. 9. Did he have to go to school? 10. You weren't allowed to do that!

Page 49, Exercise 2

1. Er hat es gut gekonnt. 2. Wir haben gut lesen können. 3. Ich habe nicht sprechen wollen. 4. Sie haben ins Haus gehen sollen. 5. Ihr habt diese Frau einladen wollen? 6. Paul und Luise haben das gemocht. 7. Ich habe das Buch gemocht. 8. Er hat es sofort gewollt. 9. Wir haben lange arbeiten müssen. 10. Haben Sie mein Auto gemocht?

Page 50, Review Exercise 1

1. Der Mann wird nach Hause gehen. 2. Morgen werden wir in die Stadt fahren. 3. Ich werde in Chicago wohnen. 4. Er wird ihr eine Blume geben. 5. Wirst du nächsten Sommer zur Schule gehen? 6. Ihr werdet auf der Bank sitzen. 7. Wirst du etwas sagen können? 8. Ich werde müde sein. 9. Sie wird ein neues Auto haben. 10. Müllers werden ein Boot kaufen.

Page 50, Review Exercise 2

1. Wir sind nach Chicago geflogen. 2. Hast du das schon gewusst? 3. Ich habe Deutsch gern gelernt. 4. Was habt ihr heute gemacht? 5. Haben Sie Deutsch verstehen können? 6. Das Kind hat den Ball geworfen. 7. Wir haben die Schule verlassen. 8. Ich habe das oft probiert. 9. Die Hunde sind ums Haus gerannt. 10. Du hast recht gehabt. 11. Die Klasse hat um 9 Uhr begonnen. 12. Der Junge hat viel gekauft. 13. Wir haben die Familie gut gekannt. 14. Der Hund hat gebissen. 15. Die Frauen haben viel gesprochen. 16. Sie hat laut geantwortet. 17. Was hast du eingekauft? 18. Das Kind ist schnell gewachsen. 19. Was haben wir mitgenommen? 20. Ich habe das Buch geöffnet.

Page 51, Review Exercise 3

Er hat das Mädchen angerufen. 2. Wir haben oft an dich gedacht. 3. Was haben sie gesagt? 4. Herr Braun ist über die Strasse gegangen. 5. Die Kinder haben in Verkehr aufgepasst. 6. Luise hat im Wohnzimmer musiziert. 7. Bist du krank geworden? 8. Wie hat man diese Stadt genannt? 9. Ich habe immer mein Geld verloren. 10. Der Junge hat den Ball versteckt. 11. Sie sind ins Wasser gesprungen. 12. Du hast kommen müssen. 13. Ihr seid ins Auto gestiegen. 14. Die Klasse hat um 10 Uhr aufgehört. 15. Paul und Fritz haben nicht gern gebadet. 16. Ich habe im See schwimmen mögen. 17. Was habt ihr vorgehabt? 18. Sie haben das Papier zerrissen. 19. Er hat das sehr gemocht. 20. Ich habe laut schreien können.

Page 54, Exercise 1

1. er weinte 2. sie tanzten 3. ich schaute 4. Sie rauchten 5. Paul suchte 6. wir redeten 7. sie dankte 8. du badetest 9. es kostete 10. ihr fragtet.

Page 54, Exercise 2

Der Unterricht *endete* heute. Nach dem Unterricht *reisten* wir nach Berlin. Wir *besuchten* meinen Onkel. Mutter *bezahlte* die Karten und *sagte* "Auf Wiedersehen". Meine kleine Schwester *weinte* heute nicht. Im Bus *hörten* wir Musik und redeten nicht viel. Der Mann neben uns *rauchte*. In Berlin *suchten* wir die Karten. Onkel Paul *wartete* schon. Er führte uns ins Restaurant und *kaufte* uns eine Tasse Kaffee. Er *schmeckte* sehr gut. Onkel Paul *redete* viel. Er *baute* ein neues Haus und *zeigte* es uns auf dem Wege nach Hause. Zu Hause *öffnete* die Tante die Tür und *grüsste* freundlich. Abends *feierten* wir Geburtstag.

1. trank 2. sprach 3. lief 4. schwamm 5. kam 6. tat 7. vergass 8. ritt 9. schrieb 10. verlor 11. lag 12. sang 13. flog 14. lud ein 15. las 16. verliess 17. fiel 18. wusch 19. starb 20. gewann.

Page 58, Exercise 2

1. ich kam, du kamst, wir kamen, Paul kam, ihr kamt, Paul und Fritz kamen 2. ich flog, du flogst, er flog, Marie flog, Sie flogen, ihr flogt 3. ich schlug, du schlugst, wir schlugen, er schlug, Sie schlugen, sie schlugen 4. ich tat, wir taten.

Page 59, Exercise 3

1. hiess 2. verbot 3. bekam 4. warfst 5. ritt 6. stahlen. 7. trugen 8. fingen 9. geschah 10. nahmt 11. biss 12. rief 13. liehen 14. gaben 15. hing 16. fiel 17. schloss 18. pfiff 19. half 20. traft.

Page 59, Exercise 4

1. sprach 2. hiesst 3. ritten 4. stand 5. luden ein 6. liess 7. trug 8. trat 9. vergass 10. bliebt 11. warf 12. verglichen 13. schrieb 14. fuhr 15. logen 16. tranken 17. bat 18. begann 19. sprang 20. kamst 21. sahst 22. rief an 23. nahmen ab 24. schlief 25. ass.

Page 61, Exercise

1. brachten 2. ranntet 3. dachtest 4. erkannte 5. wusste 6. sandten 7. wandte 8. kanntest 9. nannte 10. brannten.

Page 62, Exercise

1. wurde 2. waren 3. hatte 4. hatten 5. warst 6. wurden 7. hattet 8. wurde 9. hattest 10. wart 11. wurden 12. war 13. war 14. hatten 15. wurdet.

Page 63, Exercise

1. Ich wollte kommen. 2. Wir mussten aufstehen. 3. Er konnte das nicht verstehen. 4. Durftest du kommen? 5. Margret sollte schön sein. 6. Mochtet ihr hier bleiben? 7. Müllers wollten in Berlin wohnen. 8. Die Kinder konnten noch spielen. 9. Wolltest du uns besuchen? 10. Ich durfte nichts sagen. 11. Sie sollten reich sein. 12. Ich mochte das Buch. 13. Ich musste schlafen. 14. Ihr solltet kommen. 15. Ihr musstet viel schreiben.

Page 65, Review Exercise 1

1. Sag(e) nichts! Sagt nichts! 2. Komm(e) her! Kommt her! 3. Kauf(e) das! Kauft das! 4. Schreib(e) den Brief! Schreibt den Brief! 5. Erwart(e) nichts! Erwartet nichts! 6. Spring(e) ins Wasser! Springt ins Wasser! 7. Leih(e) mir 5 DM! Leiht mir 5 DM! 8. Geh(e) ins Kino! Geht ins Kino! 9. Lies das! Lest das! 10. Hab(e) keine Angst! Habt keine Angst!

Page 66, Review Exercise 2

1. Er hat ein Buch verkauft. Er verkaufte ein Buch. 2. Die Kinder sind geschwommen. Die Kinder schwammen. 3. Hast du laut sprechen können? Konntest du laut sprechen? 4. Wir haben uns um 9 Uhr getroffen. Wir trafen uns um 9 Uhr. 5. Habt ihr Hunger gehabt? Hattet ihr Hunger? 6. Der Vater ist heute abend angekommen. Der Vater kam heute abend an. 7. Herr Wagner, haben Sie die Tür zugemacht? Herr Wagner, machten Sie die Tür zu? 8. Ich bin müde gewesen. Ich war müde. 9. Sie haben laut geantwortet. Sie antworteten laut. 10. Du hast die Universität besucht. Du besuchtest die Universität. 11. Das Boot ist untergegangen. Das Boot ging unter. 12. Wir sind krank geworden. Wir wurden krank. 13. Die Schule hat um 9 Uhr begonnen. Die Schule begann um 9 Uhr. 14. Paul ist ins Wasser gelaufen. Paul lief ins Wasser. 15. Ich habe das nicht verstanden. Ich verstand das nicht. 16. Habt ihr in die Stadt fahren mögen? Mochtet ihr in die Stadt fahren? 17. Hast du den Mann gekannt? Kanntest du den Mann? 18. Sie haben das Mädchen eingeladen. Sie luden das Mädchen ein. 19. Seid ihr hier geblieben? Bliebt ihr hier? 20. Der Hund hat nicht mehr geatmet. Der Hund atmete nicht mehr.

Page 68, Review Exercise 3

1. Er musste es machen. 2. Wir flogen 3. Hörtest du das? 4. Das Auto fuhr vorbei. 5. Sollten wir ins

Haus gehen? 6. Gingst du? 7. Ich las 8. Die Mutter sprach 9. Wir riefen die Eltern an. 10. Was empfohlen Sie? 11. Die Blume wuchs 12. Der Kuchen schmeckte 13. Die Familie trank 14. Wir wohnten 15. Ich fand 16. Wusstest du das? 17. Die Maus biss. 18. Das Baby schlief ein 19. Was kostete das? 20. Die Kinder sassen 21. Er stellte den Freund vor. 22. Paul und Luise verloren 23. Wir warteten auf dich. 24. Der Herr sang 25. Sie feierten 26. Suchte er? 27. Ich ass 28. Er stieg ins Auto ein. 29. Was tatst du? 30. Wollte er das? 31. Es wurde 32. Wir brachten es hin. 33. Ihr holtet das Auto ab.

Page 70, Exercise 1
1. hatte 2. hatte 3. hattest 4. waren 5. waren 6. hattet 7. hatte 8. war 9. hattest 10. war.

Page 71, Exercise 2
1. Sie hatten den Ball geworfen. 2. Ich hatte ein Auto gekauft. 3. Er hatte eine Tasse Kaffee bestellt. 4. Du hattest Glück gehabt. 5. Wir hatten den Hut ausgepackt. 6. Wie lange hatten Sie gesprochen? 7. Ich war nervös geworden. 8. Der Ball war ins Wasser gefallen. 9. Es hatte Wein gegeben. 10. Das Kind hatte ein Glas Milch getrunken. 11. Mein Freund war hier gewesen. 12. Sie waren vors Haus geritten. 13. Er hatte den Hut abgenommen. 14. Ihr hattet das Geld eingesteckt. 15. Wann hattest du den Onkel besucht?

Page 73, Exercise 1
1. wird, sein 2. werden, haben 3. werde, haben 4. werden, sein 5. wird, haben 6. werdet, haben 7. wirst, haben 8. werden, sein 9. wird, sein 10. wirst, haben.

Page 74, Exercise 2
1. Wir werden die Tür geöffnet haben. 2. Sie wird einen Brief geschrieben haben. 3. Ich werde es vergessen haben. 4. Du wirst lange gearbeitet haben. 5. Ihr werdet es morgen gekauft haben. 6. Wir werden es schon gewusst haben. 7. Sie werden es immer verloren haben. 8. Frau Weiss wird oft gefragt haben. 9. Sie wird krank gewesen sein. 10. Sie werden schnell gelaufen sein. 11. Wir werden einen Spaziergang gemacht haben. 12. Er wird ihm oft begegnet sein. 13. Ich werde das Buch gehabt haben. 14. Müllers werden in Berlin geblieben sein. 15. Die Klasse wird um 9 Uhr begonnen haben.

Page 77, Exercise 1
1. amüsierst dich 2. amüsiert sich 3. amüsieren uns 4. amüsiert euch 5. amüsieren sich 6. schmeichelt sich 7. schmeicheln uns 8. schmeichle mir 9. schmeichelt euch 10. schmeicheln sich.

Page 77, Exercise 2
1. freue mich 2. stellt sich vor 3. kannst dir helfen 4. entschuldigt sich 5. beeilen uns 6. kaufe mir 7. bewegt sich 8. Zieht ihr euch die Jacke aus? 9. interessieren sich 10. Ich kann mir das Auto leisten.

Page 78, Exercise 3
1. Wasch(e) dich! 2. Setzt euch! 3. Helfen Sie Sich! *or* Hilft euch! 4. Nimm dir ein Stück Brot! 5. Beeilen wir uns! 6. Setz(e) dich! 7. Denk(e) dir das! 8. Kämmt euch! 9. Tu(e) dir nicht weh! 10. Erkälten Sie sich nicht! *or* Erkältet euch nicht!

Page 78, Exercise 4
1. Ich habe mir einen Mantel gekauft. 2. Paul hat sich auf die Couch gesetzt. 3. Wir haben uns das vorgestellt. 4. Marie hat sich immer viel eingebildet. 5. Die Tür hat sich geöffnet. 6. Ich habe mich nicht an das Wetter gewöhnen können. 7. Wir haben uns bei der Mutter bedankt. 8. Ich habe mich für die Blumen bedankt. 9. Das Kind hat sich immer gut benommen. 10. Ihr habt euch beim Vater entschuldigt.

Page 80, Exercise
1. Wie geht's (geht es) dir, Paul? 2. Es geht mir gut. 3. Wie geht es Ihnen? 4. Es gefällt mir. 5. Es sind drei Bäume im Garten. 6. Es gelingt ihm. 7. Es tut ihr leid. 8. Es blitzt nicht. 9. Es tut uns leid. 10. Es gibt keine Autos auf dem Mond.

1. She is afraid to speak. 2. Stand straight! 3. Instead of going to sleep, he read the book. 4. We promise to come by. 5. Stop! *or* Stop that! 6. He likes the riding. 7. In order to get into the city, one has to (*or* you have to) go across the river. 8. Mother could cook well. 9. Without saying anything, he left the house. 10. Stealing is forbidden.

1. Er hat zu arbeiten begonnen. Er wird zu arbeiten beginnen. 2. Ohne etwas zu sagen, ist er nach Hause gegangen. Ohne etwas zu sagen, wird er nach Hause gehen. 3. Er hat nichts sagen wollen. Er wird nichts sagen wollen. 4. Ich habe das Buch lesen müssen. Ich werde das Buch lesen müssen. 5. Sie hat uns Englisch sprechen lehren. Sie wird uns Englisch sprechen lehren. 6. Um ihn zu sehen, hat man gut aufpassen müssen. Um ihn zu sehen, wird man gut aufpassen müssen. 7. Ihr habt den Hund sitzen heissen. Ihr werdet den Hund sitzen heissen. 8. Du hast gut Deutsch sprechen können. Du wirst gut Deutsch sprechen können. 9. Frau Meier hat sich ein Kleid machen lassen. Frau Meier wird sich ein Kleid machen lassen. 10. Er hat den Mann kommen sehen. Er wird den Mann kommen sehen. 11. Warum hast du nichts sagen wollen? Warum wirst du nichts sagen wollen? 12. Wir haben der Mutter die Blumen pflanzen helfen. Wir werden der Mutter die Blumen pflanzen helfen. 13. Wir haben ihn rufen hören. Wir werden ihn rufen hören. 14. Anstatt..., sind wir zum Onkel gefahren. Anstatt..., werden wir zum Onkel fahren. 15. Ich habe es nicht essen dürfen. Ich werde es nicht essen dürfen.

1. Die Tür wurde von uns geschlossen. Die Tür wird von uns geschlossen werden. 2. Das Buch wurde von dem Lehrer gelesen. Das Buch wird von dem Lehrer gelesen werden. 3. Wir wurden von dem Mann gesehen. Wir werden von dem Mann gesehen werden. 4. Das Wasser wurde von dem Kind getrunken. Das Wasser wird von dem Kind getrunken werden. 5. Ich wurde von dem Freund vorgestellt. Ich werde von dem Freund vorgestellt werden. 6. Die Couch wurde von der Familie gekauft. Die Couch wird von der Familie gekauft werden. 7. Du wurdest von dem Jungen gefangen. Du wirst von dem Jungen gefangen werden. 8. Sie wurden von dem Onkel eingeladen. Sie werden von dem Onkel eingeladen werden. 9. Ihr wurdet von dem Mann gesehen. Ihr werdet von dem Mann gesehen werden. 10. Ich wurde von der Mutter gerufen. Ich werde von der Mutter gerufen werden.

1. Das Auto wird von dem Mann repariert. 2. Du wirst von mir mit dem Auto abgeholt. 3. Dem Hund wird von uns das Fleisch gebracht. 4. Wir werden von der Mutter besucht. 5. Das Fleisch wird von dem Hund gefressen. 6. Das Fenster wurde von Luise geschlossen. 7. Das grosse Haus wird von Müllers gebaut. 8. Das Buch wird von mir gelesen werden müssen. 9. Der Hut soll von Paul ausgepackt werden. 10. Die Milch sollte vom Baby getrunken werden.

1. Man schliesst das Museum um 9 Uhr. 2. Man versprach mir das. 3. Man zeigte uns das Buch nicht. 4. Man öffnete das Fenster. 5. Man wird nichts sagen.

1. geht, ist nach Hause gegangen, war nach Hause gegangen, wird nach Hause gegangen sein. 2. besuchen, haben das Museum besucht, hatten das Museum besucht, werden das Museum besucht haben. 3. Ich nehme den Ball mit, habe den Ball mitgenommen, hatte den Ball mitgenommen, werde den Ball mitgenommen haben. 4. isst, hat das Brot gegessen, hatte das Brot gegessen, wird das Brot gegessen haben. 5. sagst, hast du gesagt, hattest du gesagt, wirst du gesagt haben? 6. kaufen, haben nichts gekauft, hatten nichts gekauft, werden nichts gekauft haben. 7. studieren, haben in Berlin studiert, hatten in Berlin studiert, werden in Berlin studiert haben. 8. habt, habt ihr Angst gehabt, hattet ihr Angst gehabt, werdet ihr Angst gehabt haben? 9. spricht, hat laut gesprochen, hatte laut gesprochen, wird laut gesprochen haben. 10. gebe, habe ihr das Buch gegeben, hatte ihr das Buch gegeben, werde ihr das Buch gegeben haben. 11. kommen um 9 Uhr an, sind um 9 Uhr angekommen, waren um 9 Uhr angekommen, werden um 9 Uhr angekommen sein. 12. dürfen, haben das nicht gedurft, hatten das nicht gedurft, werden das nicht gedurft haben. 13. wird, ist kalt geworden, war

kalt geworden, wird kalt geworden sein. 14. hilft, hat dem Alten geholfen, hatte dem Alten geholfen, wird dem Alten geholfen haben. 15. warten, haben sie gewartet, hatten sie gewartet, werden sie gewartet haben? 16. tanzt, hat lange getanzt, hatte lange getanzt, wird lange getanzt haben. 17. laufen, sind ins Haus gelaufen, waren ins Haus gelaufen, werden ins Haus gelaufen sein. 18. klingelt, hat geklingelt, hatte geklingelt, wird geklingelt haben. 19. lernen, haben viel gelernt, hatten viel gelernt, werden viel gelernt haben. 20. will, habe es gewollt, hatte es gewollt, werde es gewollt haben.

Page 93, Review Exercise 2
1. wohnten 2. sahen 3. ertrank 4. schwamm 5. wussten 6. befahlen 7. konnte schön singen 8. wollte kriechen 9. suchten 10. brach die Blume ab 11. griff 12. verlor 13. öffneten 14. brannte 15. arbeitete.

Page 94, Review Exercise 3
1. Müllers verkaufen jetzt das Auto. 2. Er hat das Versprechen gebrochen. 3. Der Vater liest das Buch. 4. Er hatte das Lied gepfiffen. 5. Das Kind riecht die Blume. 6. Schlosst du die Tür? 7. Er hat den Wagen geschoben. 8. Ich werde das Wasser trinken. 9. Das Kind badet den Hund. 10. Die Eltern haben die Blumen gepflanzt.

Page 94, Review Exercise 4
1. waschen uns 2. interessiert sich 3. stellen...vor 4. stelle mich vor 5. bringt...zusammen 6. bewegt sich 7. bildet sich...ein 8. schreien 9. benimmt sich 10. verschlafen.

Page 98, Exercise 1
1. habe, hätte 2. kaufest, kauftest 3. sei, wäre 4. nehmen, nähmen 5. werdet, würdet 6. gehen, gingen 7. singe, sänge 8. besuchen, besuchten 9. schlafe, schliefe 10. wissest, du wüsstest.

Page 98, Exercise 2
1. habe gesagt, hätte gesagt 2. habet getrunken, hättet getrunken 3. habe gehabt, hätte gehabt 4. seiest gewesen, wärest gewesen 5. haben verkauft, hätten verkauft 6. habe gebracht, hätte gebracht 7. sei gekommen, wäre gekommen 8. seiet geworden, wäret geworden 9. haben verstanden, hätten verstanden 10. habest geschrieben, hättest geschrieben.

Page 100, Exercise
1. If only it were warmer! 2. Thank God! 3. If only I had had enough money! 4. If only I had seen you! 5. If only they were coming soon! 6. If only I could read better! 7. If only he would sleep! 8. If only Paul were here! 9. If only he were not afraid! 10. If only we had gone to the zoo!

Page 102, Exercise 1
1. verstände 2. hätte 3. wäre 4. wären 5. würde.

Page 103, Exercise 2
1. gewesen wären 2. gehabt hätte 3. gesehen hätte 4. gewesen wäre 5. bekommen hätten.

Page 103, Exercise 3
1. als hätte er nichts getan 2. als würde es schön 3. als wären wir reich gewesen 4. als wäre sie früher schön gewesen 5. als liefe er zu mir.

Page 105, Exercise
1. würde finden, würde gefunden haben 2. würdest reiten, würdest geritten sein 3. würde zeigen, würde gezeigt haben 4. würden haben, würden gehabt haben 5. würde einpacken, würde eingepackt haben 6. würde vergessen, würde vergessen haben 7. würden sein, würden gewesen sein 8. würden kaufen, würden gekauft haben 9. würden fahren, würden gefahren sein 10. würde besuchen, würde besucht haben 11. würdet werden, würdet geworden sein 12. würdest denken, wüerdest gedacht haben 13. würde wollen, würde gewollt haben 14. würden leihen, würden geliehen haben 15. würden werfen, würden geworfen haben.

Page 108, Exercise 1

1. würdest du mich besuchen 2. würde er das Wasser trinken 3. Ich würde es kaufen 4. würden wir ins Haus gehen 5. Ich würde es dir geben 6. Er würde mehr lernen 7. würden wir nach Deutschland reisen 8. Der Film würde ihnen gefallen 9. würde ich schlafen können 10. Paul würde sofort kommen.

Page 109, Exercise 2

1. würde er zu spät gekommen sein 2. würdest du die Antwort gewusst haben 3. würden wir krank geworden sein 4. würde ich einkaufen gegangen sein 5. würdet ihr den Film gesehen haben 6. würde es viel schneller gegangen sein 7. dann würde sie die Bananen gekauft haben 8. würden wir froh gewesen sein 9. würde ich gewartet haben 10. dann würde er nicht ins Wasser gefallen sein.

Page 110, Exercise 3

1. Wenn das Auto kaputt wäre, führe es nicht; würde es nicht fahren. 2. Wenn Vater Hunger hätte, äsze er das Brot; würde er das Brot essen. 3. Wenn es kalt wäre, schneite es; würde es schneien. 4. Wenn du schwämmest, gingest du nicht unter; würdest du nicht untergehen. 5. Wenn wir krank würden, sähen wir nicht gut aus; würden wir nicht gut aussehen.

Page 112, Exercise 1

1. das Wetter schön wäre 2. ich ins Haus käme 3. wir dem Vater das Geld gäben 4. Paul in die Stadt gefahren wäre. 5. sie ins Restaurant gehen würden 6. Vater das Haus verkauft hätte 7. er das Buch läse 8. wir nach München zögen 9. Frau Müller Besuch erwarte 10. ich es bezahlen würde.

Page 113, Exercise 2(a)

1. ich Verspätung habe 2. Fritz nett ist 3. Müllers viel Geld haben 4. Vater gern Kaffee trinkt 5. Marie Müllers Peter liebt.

Exercise 2(b)

1. wir recht haben 2. das Brot teuer ist 3. Müllers nicht kommen können 4. ich zu viel arbeite 5. Herr Braun krank war.

Page 114, Exercise 2(c)

1. Paul gut Deutsch sprechen kann 2. das Mädchen schön ist 3. sie hier waren 4. man schwer arbeiten muss 5. sie ihn nicht mag

Page 115, Review 1

1. Schreib(e) den Brief! 2. Fahren wir jetzt ins Kino! 3. Geht nach Hause! 4. Hab(e) keine Angst! 5. Werden Sie nicht krank! 6. Kommt herein! 7. Sprechen wir Deutsch! 8. Klingeln Sie an der Tür. 9. Spring(e) ins Wasser! 10. Besuchen Sie den Onkel! *or* Besucht den Onkel!

Page 116, Review 2

Mutter, meine Schwester, und ich *wollten* in die Stadt fahren. Das Auto *war* kaputt. Der Motor *musste* repariert werden. Daher *fuhren* wir mit dem Zug in die Stadt. Meine Schwester *zog* sich langsam an und *kämmte* sich das Haar zu lange. Wir *kamen* fast zu spät am Bahnhof *an*. Wir *liefen* schnell zum Zug. Meine Mutter *atmete* ganz laut. Im Zug *fanden* wir einen guten Platz am Fenster. Es *war* ein schöner Tag, die Sonne *schien*. In den Gärten *blühten* die Blumen. Die Bauern *arbeiteten* auf dem Feld. Dort *spielten* Kinder. In 20 Minuten *kamen* wir in der Stadt *an*. Schnell *stiegen* wir *aus*. Zuerst *gingen* wir in ein grosses Kaufhaus. Meine Schwester *heilt* die Tür *auf* und wir *traten ein*. Meine Mutter *wollte* einen Hut kaufen. Sie *sah* sich einige Hüte *an*. Der rote *passte* ihr gut. Die Verkäuferin *packte* ihn *ein* und Mutter *bezahlte*. Dann *suchten* wir einen Mantel für mich. Der blaue Mantel der an der Tür *hing gefiel* mir gut. Ich *probierte* ihn *an* und er *stand* mir prima. Meine Schwester *wollte* auch einen neuen Mantel, sie *begriff* nicht dass ihrer noch gut *aussah*. Mutter *versprach* ihr nächstes Jahr einen neuen Mantel zu kaufen. Die Zeit *verging* so schnell und wir *mussten* etwas essen. Der Verkäufer *empfahl* uns ein gutes Restaurant. Viele Leute *sassen* schon im Restaurant und *tranken* und *assen*. Wir *hatten* alle grossen Hunger. Der Kellner *kam* und *bat* uns die Speisekarte *an*. Wir *entschieden* uns schnell und *bestellten* das Essen. Beim Essen *besprachen* wir unsere Einkäufe. Natürlich hatten wir wieder viel Geld *ausgegeben*. Vater *verdiente* aber gut, und *freute* sich wenn wir nett *aussahen*. Es *war* Zeit heimzufahren. Unterwegs *sprach* meine Schwester nicht viel, sie *dachte* wohl an ihren Mantel.

Page 117, Review Exercise 3

1. Der Kuchen wird von ihm gegessen. 2. Das Buch wird von dem Lehrer gelesen. 3. Wir werden oft von Tante Margret besucht. 4. Ein Auto wurde von uns gekauft. 5. Das Brot wird von Mutter gebacken werden. 6. Die Blumen werden von Mutter gepflanzt. 7. Das Essen ist vom Vater bestellt worden. 8. Der Hut ist vom Verkäufer ausgepackt worden. 9. Der Ball wird von den Kindern gefangen. 10. Der Mann wurde von Paul erkannt.

Page 117, Review Exercise 4

1. I would have come. 2. Will we drive, ride, go to town? 3. We would have stayed home if he had telephoned. 4. She asked if I had (any) money. 5. I know for sure that you are lying. 6. He will have gone to school. 7. If I had time, I would read the book. 8. She acts as if she had nothing to do. 9. Thy will be done! 10. If he had had money, he would have flown to Germany.